普鲁斯特与符号

〔法〕吉尔·德勒兹 著

姜宇辉 沈国豪 译

Proust
et
les signes
-
Gilles Deleuze

上海人民出版社

译者序
普鲁斯特与表达问题

> 锦瑟无端五十弦，一弦一柱思华年。
>
> 庄生晓梦迷蝴蝶，望帝春心托杜鹃。
>
> 沧海月明珠有泪，蓝田日暖玉生烟。
>
> 此情可待成追忆，只是当时已惘然。
>
> ——李商隐

1.

或许没有哪一本小说比《追忆似水年华》更迫切地等待着他的读者。普鲁斯特在全书的末尾处写道：

> 我对自己的作品实不敢抱任何奢望，要说考虑到将阅读我这部作品的人们、我的读者那更是言过其实。因为，我觉得，他们不是我的读者，而是他们自己的读者，我的书无非是像那种放大镜一类的东西，贡布雷的眼镜商递给顾客的那种玻璃镜片；因为有了我的书，我才能为读者提供阅读自我的方

法。所以，我不要求他们给我赞誉或对我诋毁，只请他们告诉我事情是不是就是这样的，他们在自己身上所读到的是不是就是我写下的那些话。[1]

一方面，《追忆似水年华》是一部**尚未**完成的作品。尽管普鲁斯特笔下的"大教堂"已经恢宏而完整，但后三卷相比起前四卷而言，在风格上我们能够明显感受到一种行文上的仓促，普鲁斯特的创作过程也是如此。根据莫洛亚的《追寻普鲁斯特》，由于精力尚且充沛，前四卷的文本经历了无数次的增补，一个碎片化的记忆世界就这样被慢慢搭建起来；而到了《女囚》，普鲁斯特的病情开始恶化，从第五卷开始，普鲁斯特几乎是与死神在争分夺秒般写作。如果说前四卷我们看到的是一个血肉丰满的马塞尔，而在后三卷我们几乎能看到他暴露在外的骨骼与神经。

另一方面，《追忆似水年华》也是一部**有待**完成的文本。文本（texte）即织物，每当读者进入这个巨大的时间迷宫之中，新的意义便又不断地生成。在普鲁斯特的叙述中，时间的流动与记忆的闪回交织在一起，使读者在阅读的过程中不断回溯自我，重新审视自己的经历和情感。而普鲁斯特这一

---

1 马塞尔·普鲁斯特：《追忆似水年华》（第七卷）《重新的时光》，徐和瑾、周国强译，译林出版社 2012 年版，第 330 页。

自觉的写作意识，也促使我们将阅读视作一种主动的参与，而非被动的接受。《追忆似水年华》是一部等待被"解码"的作品，普鲁斯特邀请读者成为积极的参与者，在阅读的过程中探索自我，并通过文本重新构建自己的记忆与身份。所以，每当阅读发生，这部小说便又获得了新的经验与生命，《追忆似水年华》恰如一个古老的凯尔特灵魂等待着它的重生。

2.

对于《追忆似水年华》而言，德勒兹是一个伟大的读者。这不仅因为德勒兹在 20 世纪 60 年代初所做出的独特阐释，进而开启了学界和大众群体对于《追忆似水年华》的全新理解；他的伟大更在于他的"痴情"——德勒兹在他的几乎每一本著作中对《追忆似水年华》都有所提及，他将普鲁斯特视作一个思想性的对话者，而这也使得我们可以在《普鲁斯特与符号》中发现一种德勒兹式的"符号地质学"。

《普鲁斯特与符号》首次出版于 1964 年，当时的内容也仅限于在本书中的第一部分《符号》；在 1970 年再版时加入了第二部分《文学机器》，在 1976 年的第三版中补充了新的结论部分《疯狂的呈现与功用：蜘蛛》。当我们将《普鲁斯特与符号》这本书视作德勒兹哲学中的一种地质学的样本剖面，显然，普鲁斯特对于德勒兹而言就并非仅仅如塔迪埃所说"占据了一节思想的车厢"那么简单，《追忆似水年华》实际上更像是一部引擎，促成并展现了德勒兹哲学的多次内在转变与思想演进。

熟悉德勒兹著作的读者不难发现，《符号》与《差异与重复》，《文学机器》与《意义的逻辑》，《疯狂的呈现与功用：蜘蛛》与两卷本的《资本主义与精神分裂》分别形成了三种不同振幅的地层。

首先，我们几乎可以将《符号》(1964)这部分视作《差异与重复》(1968)完美的导读。在《符号》中，德勒兹曾写道：

> 作为一个世界的性质，差异只有通过一种自我重复才能被确立，此种重复遍及各种多变的介质，并把多样性的客体聚集在一起；重复构成了原初差异的不同等级，而多样性也构成了一种同样根本性的重复的不同层次。对于一位艺术大师的作品，我们会说：它是同一的，但带有相近层次之间的差异——然而，同样：它是不同的，但带有相近等级之间的相似性。事实上，差异与重复是本质所具有的两种力量，二者是相互关联、密不可分的。艺术家不会衰老，因为他重复自身；因为重复是差异的

力量，同样，差异也是重复的力量。[1]

在德勒兹看来，作为一部艺术作品，《追忆似水年华》的本质在于其中体现出来的纯粹差异，而这种差异的生成却依赖于其中的重复性元素，如不断出现的"凡德伊小乐句"和永恒重复的爱情主题。同样，"感觉符号""社交符号""爱的符号"和"艺术符号"之间同样也形成了一种重复性的差异奏鸣曲。在其中我们可以看到德勒兹一方面运用了结构主义的方式，的确在那个年代的学者没有人不受到结构主义的影响；但另一方面他也隐含着对于结构主义的"内爆"：结构并非静态的框架，而是一种动态的差异网络，通过重复不断生成新的意义和感知，正是在这种重复中，差异得以显现。

其次，我们不难看出，《普鲁斯特与符号》的第二章《文学机器》（1970）实际上就是《意义的逻辑》（1969）的副产品。在《意义的逻辑》中，德勒兹写道："搞文学的人本质上是复述者，这一事实应该告诉我们语言与身体的关系、每个人从其他人中找到相互的界限和僭越。"[2]以卡罗尔和克罗索夫斯基的小说为例，德勒兹指出，文学语言的功能就在于表达和创造出不可还原、不可缩减的开放性，甚至是悖论

---

1 Deleuze, *Proust et les Signes*, PUF, 2003, p. 63.

2 德勒兹：《意义的逻辑》，董树宝译，上海文艺出版社 2024 年版，第 479 页。

性的意义，在其中，事件的自我表达构成了生成和变化的本质性环节。

德勒兹由此接着提出"文学机器"的概念。"为什么是一部机器呢？这是因为，被如此理解的艺术作品从本质上来说是生产性的——生产某些真理。"[1]真理并非被发现，而是通过生产过程而得以生成的。这一生产过程源于印象，即那些在生活中触发我们感官的符号化经验，这些印象因其偶然性与必然性兼具的特质，成为艺术创作的起点。由此，普鲁斯特的"风格"并非一个可以被简单定义的语言修辞或叙述技巧，而是一种在符号与时间、欲望与事件之间的生成性机制。通过这一机制，文本超越了作者与读者、现实与想象、时间与空间的边界，成为一种无限的生成过程。

然后，经由1975年以普鲁斯特为主题所组织的圆桌对谈，德勒兹写下了结论部分《疯狂的呈现与功用：蜘蛛》（1976），由此又将他的思想进路推进到了"无器官的身体"（corps sans organes）。在夏吕斯和阿尔贝蒂娜的形象中，德勒兹读到了一种疯狂或谵妄的植物特性。"逻各斯是一个庞大的动物，它的各个部分被整合于一个总体之中，并根据一种支配性的原则或观念而被统一化。"[2]区别于上述动物

---

1 Deleuze, *Proust et les signes*, PUF, 2003, p. 176.

2 Ibid., p. 210.

性的身体，疯狂或谵妄所表现出的身体是一种植物，一种分裂、张力和异质性的配置（agencement），它是非总体化的，植物的生长没有明确的中心，而是依赖于外部条件和复杂的关联网络进行繁衍与扩展。继而，德勒兹将叙述者的身体解释为一种"无器官的身体"：

> 阿尔贝蒂娜是嫉妒者，夏吕斯是解释者，那么，从根本上来说，叙述者自身又是什么呢？……事实上，叙述者并不拥有器官，或者说，不具有那些他所需要的器官，而只具有那些他所期待的器官。他自己指出了这一点，在初吻阿尔贝蒂娜的场景中，当他抱怨说，我们没有恰当的器官来进行这种活动：它塞满了我们的嘴唇、塞住了我们的鼻子并合上了我们的眼睛。事实上，叙述者就是一个巨大的无器官的身体。[1]

无器官的身体不仅是植物性的延续，它更是对机器概念的增强——它既是蜘蛛，也是网络，既是疯狂的创造者，也是谵妄的操控者。在其中，普鲁斯特用非意愿的感觉、回忆和思想，以身体的直接反应替代了逻各斯的理性思考。综合

1　Deleuze, *Proust et les signes*, PUF, 2003, p. 217–218.

来看，植物的隐喻侧重生长、繁殖和间接联系；而蛛网的隐喻则进一步强调即时感应、机械性和超越有机结构的反应机制，二者共同构成《追忆似水年华》中分散的配置与结构网络。

当然，随着上述思想"地层"之间的断裂，我们能够看到的是德勒兹在不同阶段对于符号的不同配置方式。在《差异与重复》当中，符号与学习紧密相关。符号不仅是语言学意义上的表达工具，更是制造问题（problems）的机制，符号将问题／理念展开在一个象征结构当中，使其成为需要解决或思考的对象。因此，学习（apprendre）被强调为一种探索性、实践性的活动，它直接面对问题并通过体验和反思激发潜能；而在《意义的逻辑》，符号是事件之特异性的拓扑表达。符号的强度取代了表层的日常语言，它表现出一种非符号化（désignation）或去编码的倾向，这意味着符号不再是通过指称某物或某一概念而获得意义，而是直接参与到事件的生成过程中。德勒兹展示了符号如何穿越语言与现实的边界，成为思想与感知之间的桥梁：它既是结构的，也是动态的；既是问题的触发器，也是事件生成的轨迹；在《千高原》，在索绪尔语言学的统治之外，德勒兹与加塔利携手发展了叶姆斯列夫的符号学理论，这也是德勒兹与结构主义方法的彻底决裂：内容与表达之间并不存在一方对于另一方的因果优先性，他们之间只是彼此的预设关系。其中"前-表意符号机制、反-表意符号机制、表意符号机制、后-表意符号机制"并不是要做出一种结构性的划分，而是要强调符号机制之间不断变化、流动和交错的关系，而这种重新组合和生成新的意义机制，即"解辖域化"（deterritorialization），正是无器官身体的根本特质所在。

3.

如果说在早期的《符号》这一部分，德勒兹将《追忆似水年华》视作一部"柏拉图主义"的著作，那么，在后来的《文学机器》中，他又发现了一种"颠倒柏拉图主义"的文学表达。这貌似是对此前论断的修正，但其实对于德勒兹而言，柏拉图主义与柏拉图主义的颠倒之间并非矛盾，而是一以贯之的思想线索。正如我们在上一部分指出了德勒兹思想的"系列性"——符号（signes），那么接下来我们将讨论其中的"横贯性"——表达（expression）。

一种"柏拉图主义"的解释实际上是将普鲁斯特的"非意愿回忆"与柏拉图理念论中的"灵魂回忆"并置起来。在柏拉图的理念论中，灵魂通过回忆重新唤起对理念的认知，这种回忆并非源于经验的积累，而是灵魂在与理念世界接触后遗留的印记。在这个意义上，《追忆似水年华》中对于不同层级的符号的学习就是灵魂回忆的过程，是一种超感性的活动，它使灵魂摆脱感官世界的限制，直达理念的本质。记忆不仅恢复了被遗忘的经验，还揭示出隐藏在经验背后的更深层次的真理。

而"柏拉图主义的颠倒"则是指向了《追忆似水年华》之中无处不在的感性强度，它通过符号的强度与差异展开，不断突破表意的边界，将思想与感受共同引向一种开放的生产过程。当然可以将文学机器的运作看作是从社交符号、爱的符号、感觉符号向艺术符号的渗透和流动，但我们应当指出的一点是，反-逻各斯的特质在于它的偶然性。这种偶然性并非简单的随机或突发事件，而是符号在感性层面上的断裂与重组，它打破了线性因果的逻辑，迫使进入某种未被预设的情境之中。符号的强度取代了传统意义上的表象功能，转而成为推动思想与情感生成的力量。

也正是在颠倒柏拉图主义的思想进路中，德勒兹发现了斯宾诺莎的"表达"概念：

在符号的语言之中，真理只存在于那些被用作欺骗的事物之中，那些对其进行掩藏的事物的迂回含蓄之中，以及一个谎言与一种厄运的碎片之中：只有被泄露的真理，也即，同时被对手所出卖与通过侧面和碎片所揭示的真理。正如斯宾诺莎在界定属性的时候所说，丧失了逻各斯的犹太先知被迫求助于符号的语言，他总是需要一个符号来让自己相信，因为即便是上帝也会想要欺骗他：但上帝的符号却不是欺骗性的。[1]

作为《差异与重复》的副论文，《斯宾诺莎与表达问题》这本书是德勒兹最符合学院式写作要求的一本书，但在严谨的行文之下所隐藏的思想强度并不弱于其他恣意汪洋的游牧写作。在德勒兹看来，斯宾诺莎的"表达"概念不仅是对存在的描述，更是一种发生的过程，是一种通过差异关系不断自我更新的生成逻辑。理念不再是超越性的原型，而是内在于现实之中的"表达"。这使得柏拉图主义的理念回忆与斯宾诺莎的表达逻辑在生成过程中重叠：理念的追忆过程可以被重新理解为现实中差异不断展开与表现的过程，而非超越现实的追寻。

因此，符号的意义不再是对理念的模仿，而是通过差异的运动生产新的意义。然而，这种生产过程仍然保留了柏拉图式"追忆"的痕迹——即通过偶然性的感性体验激发内在的表达潜能。因此，意义的生成既包含柏拉图主义的本质之追寻，也体现反柏拉图主义对多样性和差异的强调。斯宾诺

1　Deleuze, *Proust et les signes*, PUF, 2003, p. 135–136.

莎虽然强调内在性，但并未完全摒弃柏拉图主义的超越向度，相反，他将这种超越性内化为现实中的差异运动和表达过程。可以说，德勒兹通过斯宾诺莎的表达概念重新激活了柏拉图主义的潜力，将其从静态的理念模型转化为动态的生成网络。

所以，让我们由此回到普鲁斯特，《追忆似水年华》以无尽的细节和碎片式的叙事展现了生活本身的复杂性，这些碎片经由符号散布开来，形成了一个开放而又混沌的感性宇宙。这个宇宙既不同于柏拉图主义的理念统一性，也有别于传统再现理论的直接模仿，而是类似于斯宾诺莎"表达"的多层次动态结构：差异在其中生成意义，局部与整体之间保持着非同质化的联系。而普鲁斯特的风格——正是它构成了《追忆似水年华》的整体性——也在一个表达过程中逐渐形成，它既不是逻各斯主导下的有机统一体，也不是逻辑推演出的抽象结构，而是众多离散碎片之间通过差异性共振产生的效果。

4.

对《普鲁斯特与符号》的读者来说，或许"箱子"与"瓶子"的隐喻是最难于理解的部分：

这才是理解这部作品的出发点:《追忆似水年华》的部分之间的不一致性、不可公度性,以及碎片性,带着那些确保其终极的多样性的断裂、间隙、空白、间断。从这个角度看,存在着两个根本性的形象;一个尤其关涉容器–内容之间的关系,而另一个则关涉部分–整体之间的关系。第一个是嵌合(emboîtement)、包含、蕴涵的形象:人、物、名字就像是**箱子**(boîtes),人们从中可以获取具有完全另一种本质和形式的事物,一种难以界定(démesuré)的内容……第二种形象是复杂性的形象:这次,它所涉及的是不对称的、不相通的部分之间的共存,它们或是作为那些相互分离的部分而被组织,或是指向着相互对立的"那边"(côté)或道路,或是开始旋转,就像是一架带动并往往是混合了不同的确定的命运的摇彩机……是封闭的**瓶子** (vases) 的形象。[1]

德勒兹在此将符号划分为有待解释的、敞开的"箱子"与有待选择的、封闭的"瓶子",箱子代表着开放性的整体,而瓶子则是众多不可共通的部分。

---

1 Deleuze, *Proust et les signes*, PUF, 2003, p. 140–141.

首先，箱子是一个"嵌合"的形象，它所描述的是一种类似于俄罗斯套娃或嵌套结构的关系，这种结构意味着意义和内容并非直接呈现，而是通过层层嵌套或隐匿形式展开。一个名字或符号表面上看是固定的，但它在叙事中逐渐揭示出更深层的情感、记忆或象征意义。

其次，瓶子则是一个复杂性的形象，记忆的碎片在逻辑和结构上彼此相对独立，难以通过单一的线索或逻辑串联起来它们仿佛是自成一体的封闭空间，其中包含着独特而难以渗透的内容。每一个记忆片段、每一次情感的回溯都仿佛是一个独立的"瓶子"，其内容难以与其他部分直接连接。不同的部分之间是"不可公度"的，它们没有固定的连接，而是通过不断的回忆与反思之间的"摇彩机"般的组合，产生新的关系和意义。

阿尔贝蒂娜的形象在普鲁斯特的笔下，是一个双重运作的符号系统，她既是一个敞开的箱子，又是诸多封闭的瓶子。作为"敞开的箱子"，阿尔贝蒂娜并非一个固定不变的存在，而是一个层层展开的符号，承载着情感、记忆和欲望的多重维度。她的形象在叙述中不断被重新定义和解构，每一次回忆和再现都让她的意义发生偏移，从而形成一种不断变化、无法完全捕捉的"箱子"；阿尔贝蒂娜同时也是"瓶子"的形象，每个"瓶子"包含的都是阿尔贝蒂娜在某一时刻的状态、情感或身份，彼此间似乎没有直接联系，而是通过偶然的、破碎的体验和记忆拼接成一个封闭的整体。她并不是一个可以通过某个统一的解读框架来完全理解的人物，而是充满断裂与对立的多个部分的集合。

在一与多之间、整体与部分之间，也即"一个阿尔贝蒂娜"和"无数个阿尔贝蒂娜"之间：她的多重颜貌、她在回忆中不断重构的身份，每一次对阿尔贝蒂娜的回忆和再现，都不是简单的重复，而是一种单义（univocité）的表达。阿尔贝蒂娜的形象既自我独立，又相互分离，她在记忆中的每个片段都在各自的差异性中生成了存在论意义上的"单义性"。如德勒兹在《意义的逻辑》中所解释的：

> 存在的单义性并不意味着有一种唯一且相同的存在……存在的单义性意味着存在是声音，存在被述说，并且以存在被述说的一切的一种唯一且相同的"意义"被述说……存在作为唯一事件而发生；对于所有事件而言，存在作为唯一事件而发生；对于所有形式而言，存在作为极端形式而发生，所有形式在极端形式中仍是析取的，但会使它们的析取产生回响并发生分岔。[1]

1　德勒兹：《意义的逻辑》，董树宝译，上海文艺出版社 2024 年版，第 282 页。

在德勒兹的意义上，存在绝不是单一的，而是通过不同的视角、时间与情感的碰撞和重组中逐渐展开。在阿尔贝蒂娜的形象中，单义性并非指一种本质的、固定的"身份"或"特征"，而是一个动态的、多样化的存在，它不断从差异中生成新的意义，而这种生成并不是冲突性地割裂，而是通过一种内在的共鸣和衍生，保持着彼此之间的联系。她既是一个感性存在，也是一个被记忆所构建的象征。《追忆似水年华》作为一部"文学机器"，或一个意义生产的"机制"，阿尔贝蒂娜形象的每一次"表达"，都是一个差异生成的过程。

5.

阿尔贝蒂娜的形象在普鲁斯特的笔下俨然成了时间的象征：

> 每一个阿尔贝蒂娜都附着于某一天的某一个时辰，我在重见那个阿尔贝蒂娜时便置身于那个日子了，而过去的那些时刻也并不是固定不变的；在我们的记忆里它们总是朝未来运动着——朝那本身也变成了过去的未来——且把我们自己也带进这个

未来。[1]

　　对逝去时间的追寻，在某种意义上也就是对情感的追寻。正如普鲁斯特将爱情描述为"相互的折磨"，马塞尔在这段感情中所体会到的并非爱情的甜蜜，而更多是痛苦。正如在悖论中的阿基里斯永远无法追到乌龟，爱情永远也赶不上嫉妒心和占有欲，爱情唯有在一种想象和追忆当中才能照见它的本质。对于《追忆似水年华》而言，正是嫉妒心和占有欲这两种"力"的交织才使得爱意不断萌生；而当马塞尔真正将阿尔贝蒂娜占有时，她却失去了其原本的魅力；再当爱人出走乃至生死未卜之时，爱意却又故态复萌。对过往情感的追忆正是欲望之"力"的内在运动，也即情感的生成过程，是"一个阿尔贝蒂娜"和"无数个阿尔贝蒂娜"之间的强度变化。

　　在非意愿回忆中，时光的重现并非已逝时间同一地再现，而是原初形象差异地回返。记忆中每一个阿尔贝蒂娜的形象都迥然不同、彼此差异，然而她们终究都是同一个人。如果妄图通过遗忘来减轻记忆之痛，我们所能遗忘的也只不过是某个形象或碎片而已，新的形象会作为新的事件再度生成，原初的形象同样也是始终如一。因此，唯一的办法就是

1　马塞尔·普鲁斯特：《追忆似水年华》（第六卷）《女逃亡者》，刘芳、陆秉慧译，译林出版社 2012 年版，第 67 页。

追忆。在普鲁斯特笔下，追忆过往并非按其本来的样子去认识它，而是在时光重现的瞬间中将其把握，并以新的、差异的形象重复出现。

普鲁斯特写道："我在记忆中追寻着：我当初认识的第一个阿尔贝蒂娜，后来骤然间她变成了另一个阿尔贝蒂娜，现在的这个阿尔贝蒂娜。这个变化，只能由我自己来承担责任。"[1] 其中，每一个阿尔贝蒂娜都是独特而唯一的，她们是在不同情感和时间序列之间的共振，无数的阿尔贝蒂娜的形象从作为回忆主体和书写主体之视点（point de vue）的"我"向着各种不同于原来固有的层次和方向不断地向外延伸和自我繁殖，并且这些形象因为新的生成又彼此建立起新的、不确定的关联。

非意愿回忆的发生瞬间意味着过去与未来的同时在场，那么，追忆过往时光的非意愿回忆对于我们来说则同时也是一种面向未来而行动的责任。它就像提醒哈姆雷特勿忘复仇意志的亡灵那样，通过这种时间的开放性将希望的点点微光赠予此刻深陷绝望的人们，它既是历时时间中不可预期的一次意外错乱，也是在生命每一个瞬间中蕴藏且有待涌现的生成之力。如果说非意愿回忆的发生给人以某种失而复得的快

1　马塞尔·普鲁斯特：《追忆似水年华》（第五卷）《女囚》，周克希、张小鲁、张寅德译，译林出版社 2012 年版，第 50 页。

感，那么其中的幸福则在于对过去的真正拯救——激活在过往中已然被压抑或遗忘的意义，而非一味地沉湎于已逝的过往之中难以自拔。

与历时时间中的意愿回忆不同，非意愿回忆并不担心过往的形象会烟消云散，反倒是意愿性回忆对原始形象永不遗忘的渴求使得生成的可能性消弭，将感觉把握为感官，事件就被封闭在事实层面，永不遗忘的愿景最终也只能是无可挽回的遗忘。诚如阿甘本所言："不可能被拯救的是过去之所是，过去本身。但被拯救的是过去所不曾是的，某种新的东西。"[1] 时光在重现中得以找回，过往也只有在新生中才能获得救赎。

6.

从符号的机制到事件的生成，在德勒兹的阐释当中，我们能够读到《追忆似水年华》所表达的一种关于时间的拓扑结构[2]。对于普鲁斯特而言，重要的不是如何记述那些曾经发

1　阿甘本:《潜能》，王立秋、严和来译，漓江出版社 2012 年版，第 247 页。

2　自 1848 年李斯廷首次将 τoπos（位置、空间）和 λoγos（学说）两个希腊语词根的结合称为"对于空间性质的研究"，到 1898 年庞加莱引入"同胚"的思想为拓扑学奠定了重要的理论基础，拓扑学始终是研究空间的性质及其变换的数学分支。而到了 20 世纪中叶，伴随着结构主义的兴起，越来越多的法国哲学家将这一视（转下页）

生过的经历，而是如何将回忆编织出来，文本即织物，但编织的主体却并非作者，也非叙述者，而是时间。记忆的拓扑结构是多维的，不同的时间层相互交叠，通过记忆的触发，这些片层被交叠在一起，形成一种非线性顺序的横向关联。文本的意义不再只是符号系统的静态结构，而是通过欲望与事件的生成不断生产出时间的可能性。

　　人们通常将普鲁斯特的时间观念与柏格森相提并论，不能否认普鲁斯特受到了柏格森哲学的极大影响，但其时间观念并未止步于柏格森的"纯粹绵延"。二者虽在潜在与现实的辩证关系上具有同构性，但普鲁斯特更关注"非意愿回忆"如何打开时间的深度，使过去与未来在瞬间中交织呈现。"我们的躯体就像一个坛子，里面禁闭着我们的精神"[1]，它需要通过感官触发，使过去与未来在当下交汇，在一个瞬间生成未来与过去的同时在场，正是这种反现实化的运动使得普鲁斯特创造出那些倍增的差异世界，这也正是普鲁斯特

（接上页）角引入诸如主体、欲望、观看、身体、无意识等问题的讨论中。德勒兹在《时间—影像》中将空间性的拓扑学范式引进到了时间问题当中，拓扑学的"连续体"在电影中对应着叙事的非线性时间结构，每一次叙事的"断裂"或"连接"，都可以看作是拓扑连续体内部的变形和重组。时间不再是线性流动的，而是像拓扑表面一样，由不同的"片层"拼接而成，这些片层彼此独立却又相互联系。

1　马塞尔·普鲁斯特：《追忆似水年华》《第四卷》《索多姆与戈摩尔》，许均、杨松河译，译林出版社 2012 年版，第 150 页。

式的风格所在。德勒兹在《电影 2：时间-影像》曾总结道：

> 普鲁斯特能够表达出这样一种观念：时间并非
> 内在于我们之中，而是我们内在于时间之中。时间
> 会自我分裂、自我迷失并在自身中重新找到自己，
> 使得现在流逝而过去得以保存。[1]

在《忏悔录》中，奥古斯丁曾道出了时间的真理（"时间究竟是什么？没有人问我，我倒清楚，有人问我，我想说明，便茫然不解了"[2]），同样，他也言说了遗忘的意义（"我说'遗忘'，我知道说的是什么；可是不靠记忆，我怎能知道？"[3]）。而在普鲁斯特的笔下，"非意愿回忆"的前提恰恰是遗忘，遗忘是庸常生活的边界，也是记忆得以重新寻回的潜能所在。时间不仅是记忆的载体，更是一种主体，是一个经由遗忘、却又不断生成的过程。在时间的蛛网中，"非意愿回忆"自我分裂、自我迷失，最终在这种裂缝与迷失中重新生成并捕获新的意义。

---

1 Deleuze, *Cinema 2: l'image-temps*, Minuit, 1985, p. 110.

2 奥古斯丁：《忏悔录》，周士良译，商务印书馆 2017 年版，第 258 页。

3 奥古斯丁：《忏悔录》，周士良译，商务印书馆 2017 年版，第 199 页。

7.

一个作者的首要义务是为自己的作品活着，但同时，也正是由于写作，一个作者才真正地活过。本文开篇曾写到，《追忆似水年华》既是一个尚未完成的作品，也是一部有待成的文本。在生命的最后阶段，普鲁斯特经常念在口头的一句话是："塞莱斯特，死神在追逐我。这样我就来不及寄还我的校样，而伽利玛在等待它们……塞莱斯特，这次我要死了。但愿我能完成自己的工作"。[1]写作不仅是他与外部世界的联系，也是他与自身命运、过去与未来的对话。对于此时普鲁斯特而言，写作才是生命的意义所在，是曾经活过的证明。

非常巧合的是，作为普鲁斯特的读者，德勒兹的一生也同样饱受呼吸道疾病的折磨，最终也是死于这种难以承受的痛苦。在《差异与重复》当中，德勒兹曾写道：

> 死亡具有两个方面：一个是人称性的方面，这个方面关涉着我或自我，并且我能够在一种抗争中直面它，或是在一种界限内与它重聚。无论如何，我都在一个使一切流逝的当前中和它照面。而另一

1　莫洛亚：《追寻普鲁斯特》，徐和瑾译，上海译文出版社 2014 年版，第 303 页。

个却很怪异，是无人称的方面，它与"自我"毫无关系，它既非当前亦非过去，它始终是将来的，始终是一个持存的发问中的永不停息的多样的冒险源泉。[1]

前一种是个人化的、与自我紧密相关的死亡，它是一个我们可以在生死斗争中面对的命运，带有时间的限制和人的主观感知；而另一种则是无人称的、无所不在的，它不属于任何具体的个体或时刻，它超越了当前与过去的界限，始终指向一个不可捉摸的未来，激起人们对永恒的不解追问。在这个意义上，死亡不是一种消失，而是一种转变，是潜藏在生活中的冒险与未知。生命被表达为一种运动，而死亡与生命交织在一起，既是个体历史的终极关头，也是存在的更广阔的形式之一。

对于写作者而言，文字就是他的血肉，字里行间表达出来的思想强度会让有情的生命延续。恰如普鲁斯特笔下的贝戈特，他死于维米尔的画作前：

> 在天国的磅秤上，一端的秤盘盛着他自己的一生，另一端则盛着被如此优美地画成黄色的一小块

1　德勒兹：《差异与重复》，安靖、张子岳译，华东师范大学出版社 2019 年版，第 200 页。

墙面。他感到自己不小心把前一个天平托盘误认为
后一个了。……又一阵眩晕向他袭来……他死了。
永远死了？谁能说得准呢？[1]

1　马塞尔·普鲁斯特：《追忆似水年华》（第五卷）《女囚》，周克希、张小鲁、张寅德
译，译林出版社 2012 年版，第 174 页。

目录

本书的第一部分关涉的是《追忆似水年华》中所表现的符号的产生与阐释。后一部分是再版时加进来的，它思索的是一个不同的问题：从《追忆似水年华》的构成的角度，来思索符号自身的生产和增殖。现在，这第二个部分被划分为章节，以使其更为清晰。它以一篇文本作为结尾，后者曾被收于在意大利出版的一卷合集之中（Saggi e ricerche di Letteratura Francese, *XII, Bulzoni édit.*, 1973），并经过重新修订。

G.D.

注释中所采用的缩写：

AD　　《女逃亡者》[1]

CG1　《盖尔芒特家那边》，1

CG2　《盖尔芒特家那边》，2

CG3　《盖尔芒特家那边》，3

CS1　《在斯万家那边》，1

CS2　《在斯万家那边》，2

JF1　《在少女们身旁》，1

JF2　《在少女们身旁》，2

JF3　《在少女们身旁》，3

P1　　《女囚》，1

P2　　《女囚》，2

SG1　《索多姆和戈摩尔》，1

SG2　《索多姆和戈摩尔》，2

TR1　《重现的时光》，1

TR2　《重现的时光》，2

上面第一个所参照的是 N. R. F 的版本（15 卷），它沿用了七星出版社的版本的分卷和页码。

1　本书中的译名均参考七卷本的《追忆似水年华》的中译本（李恒基、徐继曾等译，译林出版社 2012 年版）。——译注

第一部分
符号

第一章
符号的类型

　　《追忆似水年华》的统一性存于何处呢？至少，我们知道它不存于何处。它不存于记忆（mémoire）和回忆（souvenir）[1] 之中，即使此种回忆是非意愿的（involontaire）[2]。

1　记忆（mémoire）和回忆（souvenir）之间的辨析是本书中的关键线索。从字面即可看出，记忆是某种过往的经历被记录和保存下来，有待被意识或情感调取的存留之物；而回忆是对已经留存的东西的召唤或重新生成，前者是名词，指向了被回忆所激发和唤起的对象，而后者则是动词，是在记忆实现过程中体现出的事件。因此，读者在本书中须时时留意作者用词的微妙区别。——译注

2　关于 mémoire involontaire 的诸多中文翻译，徐和瑾在译林出版社两版《追忆似水年华》中将其译为"无意识记忆"，本书中译第一版曾译为"不自觉记忆"，张旭东、王斑在《启迪》中，王立秋、严和来在《潜能》中译均将其译为"非意愿（转下页）

《追忆似水年华》的最重要的部分并不是玛德莱娜小蛋糕或石板路。一方面，"追忆"并不仅仅是一种回忆的努力，一种记忆的探索：追忆应该在更强的意义上被理解，正如在"追寻真理"这个表述之中的情形[1]。另一方面，逝去的时光（le temps perdu）并不仅仅是过去的时光；它更是一种我们所遗失的时光，正如在"荒废时光"（perdre son temps）这个表述中的情形。当然，记忆是作为一种追寻的方式而介入的，但是它却不是最深刻的方式；同样，过去的时光是作为一种时间的结构而介入的，但它却不是最深层的结构。在普鲁斯特那里，马丹维尔的钟楼和凡德伊的小乐句，这些并未引入任何回忆、任何对于过去的重现，它们总是超越了玛德莱娜小蛋糕和威尼斯的石板路，后者依赖于记忆并因此仍被归结为一种"实在的解释"[2]。

问题所涉及的并非一种对于非意愿记忆所进行的揭示，

（接上页）记忆"，此外还有很多译法，在此不做更多罗列。译者倾向于将 mémoire involontaire 译为"非意愿记忆"。在第一卷中，普鲁斯特强调这种记忆是理智意识和情感愿望所不能及的记忆，它只有在不凭借记忆主体的主观意愿之下才能在偶然间自行显现。involontaire 一词的词根 vol 便是"意愿"之意，"意识"只能说明记忆的内容属性，且易与书中多次出现的 inconsistent 混淆，"自觉"而缺少了追寻过程中迫切的愿望感。——译注

1 "追忆"和"追寻"在这里是同一个词"rechercher"。——译注

2 P2, III, 375.

而是对于一种学习过程（apprentissage）的叙述。梅塞格利丝那边与盖尔芒特家那边与其说是回忆的来源，倒不如说是学习的原初材料与线索。它们是一种"成长"的两个侧面。普鲁斯特不断强调这一点：在某个时刻，主人公尚未知晓这个事物，但是之后他将学会。它曾隐藏在如此的幻象之下，不过，它将以自我呈现的方式摆脱幻象。由此而出现的失望和启示的运动，它奠定了整部《追忆似水年华》的节奏。人们会指出普鲁斯特的柏拉图主义：学习就是回忆。然而，记忆的地位是如此的重要，它正是作为一种学习的方式而介入的，此种学习同时超越了它的目的和原则。"追忆"被转向未来，而不是过去。

从本质上说，学习所关涉的是符号。符号是一种时间性的学习过程的对象，而不是一种抽象认识的对象。学习，首先就是认识一种物质、一个对象、一个存在，就好像它们产生出有待破译和阐释的符号。没有哪个学习者不是某物的"考古学家"（l'égyptologue）。只有对木料的符号有着敏锐感知的人才能成为细木工匠，而只有对疾病的符号有着敏锐感知的人才能成为医生。习性总是与符号相关的命运。一切我们所学到的东西都来自符号，所有的学习行为都是一种对于符号或密语（hiéroglyphe）[1]的阐释。普鲁斯特的著作基

1　即"象形文字"。——译注

于对于符号的学习，而非对记忆的揭示。

它正是从中形成了其统一性，同样，也形成了其惊人的多元性。"符号"这个词是《追忆似水年华》之中出现最为频繁的词汇之一，尤其是在构成了《重现的时光》的最终的体系化之中。《追忆似水年华》表现为对于不同的符号世界的探索，它们形成了循环并在某些点上重新划分。这是因为，符号是特殊的并构成了某个世界的材料。我们已经在次要人物的身上看到了这一点：诺布瓦和外交密码，圣卢和战略符号，戈达尔和医学征候。一个人可能会娴熟地破解某个领域的符号，然而在另一个完全不同的领域则束手无策：比如戈达尔，一个出色的临床医生，却在其他场合中显得笨拙。更甚者，即便在一个共同的领域中，不同的符号世界仍然互相隔绝：维尔迪兰的符号对于盖尔芒特来说并不通用，同样，斯万的风格或夏吕斯的密语在维尔迪兰那里也行不通。所有世界的统一性就在于：它们形成了种种符号的体系，这些符号是由人、对象与物质所产生的；如果不是通过破解与阐释，我们就不能发现任何真理，也学不到任何东西。然而，世界的多元性就在于：这些符号不属于同一个类型，也不拥有同样的呈现方式，因此，不能以同样的方式来对它们进行破解，而它们和意义之间也不具有同一性的关联。符号同时构成了《追忆似水年华》的统一性和多元性，要想证明这个假说，我们就得考察主人公所直接介入的那些世界。

《追忆似水年华》中的第一个世界就是上层社会的社交界（mondanité）。没有哪个环境能够在如此有限的空间内，以如此快的速度发出和集中如此多的符号。当然，这些符号之间并不是同质的。在同一个时刻，它们不仅根据社会阶层的不同而有所区别，还依据更深层次的"精神家族"而发生分化。从一个时刻向另一个时刻，它们不断演变，有时固定下来，有时被其他符号取代。因而，学习者的任务就是去理解为何某人被某个社交圈"接纳"，为何某人不再存在；弄清楚这些社交圈遵循的符号规则，以及在这些圈子之中，哪些人是立法者和大主教。在普鲁斯特的著作中，夏吕斯因为拥有强大的社交能力、骄傲、自带戏剧感，以及独特的容貌和声音，而成为最令人瞩目的符号创造者。然而，为爱所驱动的夏吕斯在凡德伊的世界之中则变得毫不起眼；甚而，即使是在他自己的世界之中，当隐含的法则发生变化之时，他也将最终变得毫不起眼。所以，是什么构成了社交界符号的统一性？盖尔芒特公爵的一次致意是有待解释的，而其中的错误风险和诊断病情时一样高。而维尔迪兰夫人的一次模仿也是同样。

　　社交符号取代了实际的行动或思想，成为行动和思想的替代品。因此，它是一种不再指向他物的符号，无论此种他物是超验的意义抑或观念的内容，相反，它僭越了它的意义所预设的价值。这就是为何从行动的角度来看，社交符号显得令人失望且冷酷无情；而从思想的观点来看，它又显得愚蠢。人们不思考，也不行动，然而，他们制造符号（faire signe）。维尔迪兰夫人的话里没什么好笑的，而且她也并没有笑；然而，戈达尔示意（faire signe）他说了某件可笑的事情，而维尔迪兰夫人则示意她笑了，而且她的符号是如此完美地被表达出来，以至于维尔迪兰先生为了不屈居下风而试图以其自己的方式做出一个恰如其分的模仿。盖尔芒特夫人总是有着一副铁石心肠，思想也往往比较贫乏，但她却总是拥有迷人的符号。她不是为了朋友而行动，也不和她们一起思想，她向她们示意。社交符号不指向某物，它"取代"此物，它试图根据其意义来确立自身的价值。它通过将行动当作思想而将行动提前，又通过将思想当作行动而清除了思想，并且肯定其自身的充分性。它的老套和空洞性（vacuité）就在于此。我们不能由此推断说这些符号就是无关紧要的。不通过它们，学习就会是不完备的，甚至是不可能的。它们是空洞的，但此种空洞性赋予了它们一种惯例般的完备性，作为一种我们在别处难以寻觅的形式主义。社交符号是唯一能够带来某种神经性亢奋的符号，它们表达了那些能够熟练运用这些符号的人对我们的影响。[1]

1　CG3, II, 547–552.

第二个世界是爱的世界。夏吕斯和絮比安的邂逅令读者领悟到最为神妙的符号互动。陷入爱河，那就是通过一个人所表达或传达的符号来使其个体化。就是感知到这些符号，学习这些符号（这就是阿尔贝蒂娜在少女们之中被逐渐显露的过程）。或许，友情源自观察和对话，但是，爱则始于并得益于沉默的阐释。被爱者（l'être aimé）作为一个符号，一个"灵魂"：它表达出一个尚未为我们所了解的世界。被爱者蕴涵着、包含着、表达着一个世界，因此，需要解码，也即需要阐释。它甚至和世界的多元性相关；爱的多元性不仅仅和被爱者的多样性相关，而且也和每个被爱者身上的精神或世界的多样性相关。去爱，就是试图去解释、去展现（développer）这些仍然包含于（enveloppé）被爱者之中的尚未被了解的世界。这也就是为何我们会如此轻易地爱上那些不属于我们的"世界"，甚至是不属于我们的类型的女子。同样，这也是为何被爱的女子往往与风景关联在一起，我们希望能在一个女子的双眸之中窥探到这些我们如此熟悉的风景，然而，它们所折射出的风景却来自一种如此神秘的视点，以至于在我们看来就像是一个不可接近和未被了解的所在：阿尔贝蒂娜包含了、混合了、融合了"海浪的汹涌与平静"。我们怎样才能接近如此一处风景，它不再是我们所注视的风景，反倒是我们在其中被注视的风景？"如果她没有见到我，那我怎能向其呈现？将我与她区分的是哪个世界？"[1]

因此，存在着一个爱的悖论。我们要想解释一个被爱者的符号，那就只能进入这些世界，它们的形成不依赖于我们，而是源自他人，在其中，我们首先只是他者的一个对象。求爱者希望被爱者奉献他的偏爱、仪态与爱抚。然而，被爱者的仪态，即使是在向我们表达、对我们奉献的时刻，也仍然表达着这个未被了解的世界，它将我们排除在外。被爱者给予我们其偏爱的符号；然而，由于这些符号表现着我们并不参与其中的世界，因此，每种我们从中受益的偏爱就描绘出一个可能世界的形象，在其中也许存在着或正在出现另一些被偏爱的人。"然而他的嫉妒却和他的爱情仿佛是如影随形，马上就出来为她今晚向他偷来的微笑提供一个副本，来了一个颠倒，变成是对斯万的嘲笑而充满着对另一个人的爱……这样，他都为在她身边体会到的每一个乐趣，为他自己设想出来的每一个爱抚的动作（他还如此有欠谨慎，告诉她这些动作是如何使他欢快），为他在她身上发现的每一个优美之处感到后悔，因此他知道，过一会儿，这些又都会成为她手中用来折磨他的新的刑具。"[2]爱的悖论就在于此：

1　JF3, I, 794.

2　CS2, I, 276.

我们用来抵御嫉妒的方法中，同样也包含了此种嫉妒，并给予此种嫉妒以一种相关于我们的爱情的独立性和自主性。

爱的第一条法则是主观的：从主观上来说，嫉妒要比爱来得更为深刻，它包含着爱情的真理。在对符号进行把握和解释的方面，嫉妒走得更远。它是爱的目的和终点。事实上，不可避免地，一个被爱者的符号，当我们对其进行"解释"的时候，就呈现为谎言：它们被给予我们、向我们表达，但是，它们却表现着将我们排除在外的世界，并且，被爱者不愿，也不能让我们了解这个世界。这并非出自被爱者特别的恶意，而是缘于一种更为深刻的悖论，它把握住了爱的本质和被爱者的普遍境遇。爱的符号不像社交符号：它们并非取代了思想和行动的空洞的符号；它们是谎言性的符号，被传达给我们，但却掩藏了其所表达的东西，也即，掩藏了未被了解的世界、思想和行动的根源，而正是这些给予符号以意义。它们所激起的不是一种表面性的神经系统的刺激，而是一种更为深刻的痛苦。被爱者的谎言是爱的密语。对爱的符号的解释必然是对谎言的解释。其命运皆在于这一格言之中：爱而不得（aimer sans être aimé）。

是什么掩藏了爱的符号中的谎言？由一个被爱的女子所传达出的所有谎言性的符号都汇聚于同一个隐秘的世界：戈摩尔（Gomorrhe）的世界，它不再依赖于某个女子（尽管一个女子可能会比另一个更好地体现了它），而是女性可能性的极致，作为一种嫉妒所揭示的先天性（*a priori*）。被爱的女子所表现的世界总是一个将我们排除在外的世界，即使是当她给予我们一种偏爱的表示时。不过，在所有的世界之中，哪个是最具排斥性的呢？"我刚刚着陆的土地，是一片可怕的无主之地（*terra incognita*），在我眼前展现的是意想不到的痛苦的一个新阶段。然而，这淹没我们真相的洪流，如果说它与我们的胆怯和疑团思绪相比有浩荡难挡之势，那么胆怯和疑思却预感到洪水将至。……但这里的对手却与我大不一样，她的武器不一样，我不能站在同一个决斗场上与之决斗，不能给阿尔贝蒂娜同样的欢娱，甚至难以真切地加以构思"[1]。我们对被爱的女子的所有符号进行解释；但在这一痛苦的解码过程中，最终我们碰壁于戈摩尔的符号，一种作为女性原初现实性的最为深刻的表达。

普鲁斯特式的爱情的第二个法则与第一个联结在一起：从客观上来说，同性之爱要比异性之爱来得更为深刻。因为，如果被爱的女子的秘密确实就是戈摩尔的秘密，那么，求爱者的秘密，就是索多姆。相似地，《追忆似水年华》的主人公无意中遇见了凡德伊小姐和夏吕斯。[2]然而，凡德伊小姐解释了（*expliquer*）所有被爱的女子，正如夏吕斯蕴涵了

1　SG2, II, 1115–1120.

2　SG1, II, 608.

12

（impliquer）所有求爱者。[1]从其无限性来看，在我们的爱之中存在着一种根源性的"雌雄同体"（l'Hermaphrodite）。不过，这里所说的"雌雄同体"不是指那些能够自体受精的存在。它绝不是整合了两性，相反，它使得两性分离，从它之中持续衍生出两个相互分离的同性序列，即索多姆的序列和戈摩尔的序列。正是它构成了参孙（Samson）的预言的关键："两性必将各自消亡。"[2]异性之爱仅仅是表象，它掩藏了两性各自的目的，掩藏了所有的一切在其中被构成的，然而却为社会所排斥的深度（le fond）。如果同性之爱的两个序列是最为深层次的，这一点也仍然是基于相关符号而得出的。索多姆城的人们与戈摩尔城的人们通过符号的强度而补偿了它们所掌握的秘密。对于一个注视着阿尔贝蒂娜的女子，普鲁斯特写道："看那架势，仿佛她在借用一架信号机（phare），向阿尔贝蒂娜频频发出信号。"[3]爱的世界涵盖着自谎言的揭示性的符号到索多姆和戈摩尔的隐藏性的符号的总体范域。

1　此处，expliquer 和 impliquer 很显然在词义上形成对照，ex- 表达了"展现、展开"的向度，而 im- 则有"蕴涵、包含"的意思。——译注

2　SG1, II, 616.

3　SG1, II, 851. Phare 本义是"灯塔""指路明灯"等义，从《追忆似水年华》的上下文来看，指的是少女们之间的目光互动就像是通过光线而彼此沟通。——译注

第三个世界是印象或感觉属性的世界。有时一种感觉属性会给予我们一种异样的愉悦，而同时它又传达给我们一种迫切的需要。被如此体验到的感觉属性就不再是现实地拥有它的对象的属性，而是作为另一个完全不同的对象的符号，对这个对象我们不得不尝试进行破解，而此种努力往往冒着失败的危险。这就好似属性包含着、保留着和目前它所指示的对象不同的另一个对象的精神。我们"包含着"这个属性、这个感觉印象，就像是一小张日本纸在水中展开并释放出其被束缚的形式。[1] 这类例子是《追忆似水年华》中最为知名的，并在结尾处获得加速发展（《重现的时光》的最终启示就是通过一种符号的增殖而被表现出来的）。然而，无论何种例子，玛德莱娜小蛋糕、钟楼、树木、石板路、手巾、勺子或水流的喧哗，我们都目睹了同一个进程。首先，是一种奇妙的愉悦，就好像这些符号通过其直接的效果已经和之前的符号区分开来。另一方面，是一种真切感觉到的责任，一种进行思索的必要性：探寻符号的意义（然而，有时我们逃避此种要求，或由于无力或厄运，我们的探寻失败了：对于那三棵树就是这样）。然后，符号的意义呈现了，我们就揭示了隐藏的对象——贡布雷（Combray）对应于玛德莱娜小蛋糕，少女们对应于钟楼，而威尼斯对应于石板路……

---

1 CS1, I, 47.

阐释的努力是否终结于此，这是可疑的。还有待解释的是：在玛德莱娜小蛋糕的激发之下，为何贡布雷并不满足于作为曾经在场的事物而重现（仅仅是观念的联想），而是必定以一种决不会成为现实的形式，在其"本质"或永恒之中呈现。或者说，还有待解释的是：为何我们会体验到如此强烈和特别的愉悦。在一段重要的文本中，普鲁斯特援引玛德莱娜小蛋糕作为一个失败的情形："我于是就推迟了对于更深刻的原因的探寻。"[1]然而，从某种角度来看，玛德莱娜小蛋糕是作为一种真正的成功而出现的：虽然并非不费气力，但对其所进行的阐释已经在对贡布雷的非意愿的回忆之中发现了意义。相反，三棵树却是一个真正的失败，因为它们的意义并未被澄清。因此，应该认识到，通过选择"玛德莱娜小蛋糕"作为不充分的例子，普鲁斯特想要达到一个新的解释的阶段、一个最终的阶段。

　　这也就是说，感觉属性或印象，即便它们被很好地阐释，其自身也仍然不是充分的符号。然而，它们不再是空洞的符号，后者给予我们一种造作的兴奋（une exaltation factice），正如社交符号。它们也不再是使我们经受痛苦的谎言性的符号，如爱的符号，其真正的意义总是带给我们更剧烈的痛楚。它们是真实的符号，直接给予我们一种非常的

1　TR2, III, 867.

愉悦，它们是充实的、肯定的与愉悦的符号。然而，它们是物质性的符号。这并不仅仅由于其感性的根源。而是由于其意义，就正如它是被包含的，它意指着贡布雷、少女们、威尼斯或巴尔贝克（Balbec）。并不仅仅是它们的根源，而是它们的解释-表现（explication）、它们的展现才是物质性的。[1] 因而，我们感觉到，这个巴尔贝克，这个威尼斯不再是作为一种观念联想的产物而呈现，而是以其自身的形式和本质而呈现出来。不过，我们仍未理解此观念性的本质是什么，也不明白为什么我们体验到如此巨大的愉悦。"玛德莱娜小蛋糕的味道让我回想起贡布雷。然而，为什么贡布雷和威尼斯的形象竟能在此时或彼时给予我如同某种确实性那样的快乐，足以使我在没有其他证据的情况下对死亡都无动于衷呢？"[2]

在《追忆似水年华》的结尾处，阐释者理解了在玛德莱娜小蛋糕乃至钟楼的例子中未被理解的东西：离开那种它所体现的观念性的本质，那物质性的意义就毫无价值。错误就在于：认为密语所表象的"仅仅是物质对象"[3]。然而，正是

1　P2, III, 375.

2　TR2, III, 867.

3　TR2, III, 878.

在这时，艺术的问题被提出并获得了一个解答，这就使得阐释者走得更远。然而，艺术的世界就是符号的最终世界；并且，这些符号，作为去物质化的（dématérialisé），在一种观念性的本质中发现了其自身的意义。因此，艺术的启示性世界就反过来对其他世界产生作用，尤其是对感觉符号；它将它们整合，赋予它们以一种审美的意义，并洞彻那些它们所拥有的仍然晦暗难解的东西。于是，我们理解了，感觉符号已经指向一种观念性的本质，后者在其物质性的意义之中自我实现。然而，离开艺术，我们将不能理解这一点，也无法超越对应于对玛德莱娜小蛋糕进行分析的阐释层次。这也是为什么所有的符号都汇聚于艺术；一切学习，通过种种迥异的方式，已经是对艺术自身的无意识的学习。在最深的层次上，本质存在于艺术的符号之中。

我们尚未对其进行界定。我们仅仅要求人们赞同我们的见解：即普鲁斯特的问题就是一般符号的问题；并且符号构成了不同的世界，有空洞的社交符号、谎言性的爱的符号，以及物质性的感觉符号，最后是本质性的艺术符号（它将其他三种符号进行转化）。

第二章
符号与真理

探寻逝去的时光，事实上，就是探寻真理。它被称为探寻逝去的时光，那仅仅是因为真理和时间之间有着一种本质性的关联。同样，在爱、自然或艺术之中，问题所在并非愉悦，而是真理。[1]或毋宁说，我们只有与发现真理相对应的愉悦和快乐。嫉妒者会体验到一点快乐，当他懂得破解被爱者的一个谎言的时候，这就正如一个阐释者终于能够翻译一篇艰深的文本，尽管就个人而言，翻译所带给他的是一个令人不快和痛苦的信息。[2]还应该理解普鲁斯特是如何界定其

1　JF1, I, 442.

2　CS2, I, 282.

对真理的探寻的，以及他是如何把它与其他种类的探寻（科学的或哲学的）相对立的。

谁探寻真理？那个说出"我想要真理"的人是想说什么呢？普鲁斯特不相信人（或即使是一个被设想为纯粹的精神）天生就拥有一种求真的欲望、一种追求真理的意志。对于真理的探寻只有当我们被限定于某种具体的情境中时才能进行，即当我们被某种强力驱迫而进行此种探寻的时候。谁在探寻真理？就是那个在被爱者的谎言驱使之下的嫉妒者。总有一种符号的强力驱使我们去探寻，它剥夺了我们的平静。真理并非通过相似性或善良意志被发现，而是通过非意愿的符号而显露出来。[1]

哲学的谬误，正在于在我们身上预设了一种思想的善良意志，一种对真理的欲望和发自本性的爱。同样，哲学只能达到抽象的真理，它并不关涉任何人，也不会引起混乱。"纯粹理智所形成的观念只具有一种逻辑的真理，一种可能性的真理，对于它们的选择是专断的。"[2]它们是缺乏根据的，因为它们源自理智，而后者赋予它们的仅仅是一种可能性，而并非一种确保其本真性（authenticité）的相遇（rencontre）或强力。理智的观念的价值仅仅在

1　CG1, II, 66.

2　TR2, III, 880.

于其明确的，因而也就是约定性的意义。很少有什么主题能获得普鲁斯特如此的强调：真理绝非某种先天的善良意志的产物，而是某种思想之中的强力的结果。约定性的、明确的意义绝不会是深刻的；唯一深刻的意义是那种被包含、被蕴含于一种外部的符号（un signe extérieur）中的意义。

针对"方法"的哲学观念，普鲁斯特转而提出了一个包含"强制性"与"偶然性"的双重观念。真理依赖于与某种事物的相遇，后者驱使我们去进行思索与求真。相遇的偶然性与强制的压力，这就是普鲁斯特的两个根本性的主题。准确地说，正是符号形成了一次相遇的对象，也正是符号在我们身上施加了此种强力。是相遇的偶然性确保了被思想的事物的必要性。偶然性与必然性，这就是普鲁斯特的看法。"而我感到，这就是它们的本真性的标记。我没有到那个大院里去寻找那两块绊过我脚的高低不平的石板"。[1]那个说出"我想要真理"的人，他想要的是什么呢？他只是被迫使着去追求真理。他只有在某次相遇之中、在与某种符号的关联之中才能求真。他想要的就是：阐释、破解、翻译、发现符号的意义。"我应该把它们的意义归为那些包围着我的较小的符号：盖尔芒特、阿尔贝蒂娜、希尔贝特、圣卢、巴尔贝克

1　TR2, III, 879.

等等。"[1]

探寻真理，就是去阐释、破解、解释（expliquer）。然而，此种"解释"和符号自身的展现混合在一起。这也就是为何《追忆似水年华》总是与时间相关的，而真理总是时间的真理。最终的系统化让我们意识到：时间自身就是多元性的。从这个意义上来说，逝去的时间（le temps perdu）和重现的时间（le temps retrouvé）之间的区分是至关重要的：存在着逝去的时间之真理，正如存在着重现的时间之真理。然而，更准确地说，应该区分时间的四种结构，每种都有其真理。逝去的时间并不仅仅是过去的时间，后者改变了存在者并毁灭了曾在；它还是人们所遗失的时间（为什么要荒废时间去社交、去恋爱，而不是去工作、去创作艺术品）。而重现的时间，它首先就是人们在逝去的时间中所重新发现的时间，它赋予我们以一种永恒的形象；然而，它还是一种原初的、绝对的时间，一种在艺术中被肯定的真正的永恒。每种符号都有着一条与其相对应的具有突出重要性的时间线。然而，多元性正在于此，它使得相互结合的方式多样化。每种符号都不均等地拥有多种时间线；而同一种时间线也不均等地交织了多种符号。

有一些符号驱使我们思索逝去的时间，也即时间的流逝，

---

1 TR2, III, 897.

对曾在的毁灭，对于存在者的改变。重新见到那些我们曾经熟悉的人是一种启示，这种启示是因为他们的面容对于我们来说已不再是一种熟悉的样子，因而就把时间的符号和效应带向纯粹的状态——时间改变了某种特征，冲淡了、减弱了，或消除了另一种。时间，为了成为可见的，"探寻着肉体，无论在何处它发现了肉体，就会攫住它们，以便在它们身上展示它的魔术灯笼"[1]。在《追忆似水年华》的结尾处，在盖尔芒特的沙龙中所呈现出的完全是一座肖像的展览馆。然而，如果我们已经过必要的学习，则我们从一开始就会懂得：社交符号由于其空洞性，而显露出某种暂时性的事物，或者说，这些符号已经被凝固和固定，以便掩藏它们的变化。因为，社交活动在每一刻都在变化与改变。"时尚在变，其诞生就是出于变化的需求。"[2]在《追忆似水年华》的结尾处，普鲁斯特揭示了德雷福斯（Dreyfus）案、接着是战争，尤其是时间自身是怎样深刻地改变了社会。普鲁斯特远非断言一个"世界"的终结，他认识到，他所熟悉和热爱的那个世界其自身就已经是变化、改变，是一种消逝的时间的符号和效应（即使是盖尔芒特家族，除了他们的名号，也没有任何其他永恒的东西）。普鲁斯特根本就没有把时间理解为一种柏格森式的绵

1　TR2, III, 924.

2　JF1, I, 433.

延，相反，他把它视作一种背离，一场通往坟墓的奔跑。

出于更深刻的理由，可以说，爱的符号超越了其自身的变化和消逝。正是爱的符号意指着逝去的时间的最纯粹状态。和夏吕斯那难以置信的、绝妙的老去相比，沙龙中的芸芸众生的衰老根本算不上什么。不过，还是在这里，夏吕斯的衰老无非就是对其多样的灵魂进行重新分配，而在更年轻的夏吕斯的一瞥或一阵谈笑之中，这些灵魂早已呈现。如果说爱与嫉妒的符号拥有其自身的变化，那也是出于一个简单的原因：爱总是不断筹划着其自身的消亡，也模仿着自身的中止。爱情就像死亡一样，当我们想象着我们还能活得足够久，以便能看到那些我们将失去的人的面容。同样，我们想象着我们将爱得足够深，以便能品尝那个我们将不会再爱的人的悔恨。确实，我们重复着那些往日之爱；然而，同样确实的是，我们的现实之爱，在其充沛的生机之中，"重复着"中止的时刻或预期着其自身的终结。这就是被人们称为一种嫉妒的情境的意义。此种朝向未来的重复、此种对终结的重复，我们在斯万对奥黛特的爱之中，在马塞尔对希尔贝特或对阿尔贝蒂娜的爱之中重新发现了它。对于圣卢，普鲁斯特写道："他预先就承受着一次中止所带来的所有苦痛，不曾遗忘哪怕一种，以便在其他的时刻，他能够避开它们。"[1]

1　CG1, II, 122.

更为令人吃惊的是，感觉符号，尽管带有充实性，其自身也是变化和消逝的符号。然而，普鲁斯特引述了一件事情，即高帮鞋以及对祖母的回忆，从原则上来说，这个例子和玛德莱娜小蛋糕以及石板路没有什么差别，但是，它使得我们感觉到一种痛苦的消失，并形成了一种永远逝去的时间的符号，而不是赋予我们以重新发现的时间的充实性。[1] 端详着祖母的高帮鞋，他体验到了某种神圣的事物；然而，泪水夺眶而出，非意愿记忆将他带向对死去的祖母的令人心碎的回忆之中。"只有在此刻——她安葬已经一年多了，原因在于年月确定有误，此类错误屡屡出现，致使事件日历与情感日历往往不一致——我才刚刚得知她已经离开了人世。"为什么非意愿的回忆带给我们对死亡的强烈情感，而不是一种永恒的形象？如果我们仅仅指出这个例子的独特性（即它是关于一个被爱者的重现），或主人公再度体验到对祖母的罪孽感，这些都还不够充分。我们需要在感觉符号自身之中发现一种双重性，它能够解释它为何往往转化为痛苦而在非快乐之中得以延续。

高帮鞋，和玛德莱娜小蛋糕一样，引发了非意愿记忆的介入：一种往日的感觉试图补充和联结到现实的感觉之上，并使后者同时向不同时段拓展。然而，需要看到的是：现实

1　SG1, II, 755–760.

的感觉以其"物质性"而与往日的感觉形成对立，以使此种补充的愉悦让位给一种逃逸的情感、一种不可弥补的丧失的情感，在其中往日的感觉被推向逝去的时间的深处。这样，主人公自觉有罪，这仅仅给予现实的感觉以一种摆脱往日感觉的怀抱的力量。开始的时候，他感觉到幸福，就像在玛德莱娜小蛋糕的例子中一样，但是，此种幸福随即让位于死亡与否定的明确性。这里存在着一种双重性，它始终作为一种可能性而存在于所有记忆介入其中的符号之中（由此导致了这些符号的低级的属性）。正是记忆本身蕴涵着"持存与虚无的奇异对立"，"持存与虚无的痛苦综合"[1]。即使是在玛德莱娜小蛋糕和石板路的例子中，虚无也暗中存在，不过这次是被两种感觉的叠加所隐藏。

另一方面，尤其是社交符号，不过也包括爱的符号，乃至感觉的符号，它们都成为一种"逝去的"时间的符号。它们代表的是我们所失去的时间。因为，进入社交界之中，爱上那些平常的女子，乃至在一棵山楂树面前费尽气力，这些都绝非明智之举。更好的做法是应该经常拜访那些深刻的人，尤其是应该工作。对于他无力去工作、无力创作那部他宣称要写的文学作品，《追忆似水年华》的主人公常常表达

---

1 SG1, II, 759–760.

出他的失望及其父母的失望。[1]

　　然而，这是学习的一个重要结果。它最终向我们揭示，在我们所失去的时间之中存在着真理。通过意志的努力所进行的工作没有价值；在文学之中，它只能把我们引向理智的真理，而后者则缺乏必然性的标志，因而给人一种"本来可以是其他样子"的印象，却以另外的方式被陈述。同样，一个有理智的、深刻的人所说出的东西的价值就在于其明显的内容，以及明确的、客观的、经过深思熟虑的含义；如果我们不能够通过其他方式达到另一些真理的话，那么除了那些抽象的可能性，我们从中并不能得到多少东西。这些方式准确地说就是符号的方式。然而，一个平常的或愚钝的存在者，一旦我们爱上了他，就在其符号方面要比最深刻、最有理智的人更丰富。一个女子越是目光短浅、越是狭隘，那她就越能够得到符号的补偿，后者往往揭穿了一个谎言，即她无力形成理智判断或拥有连贯的思想。普鲁斯特这样提到那些知识分子："当我们看到他们爱上平常女子的时候，会感到惊讶，但和一个聪慧的女子相比，她更能丰富他们的世界。"[2]最基本的物质与性情也能带来迷醉，因为它们在符号方面是丰富的。和被爱的平常女子在一起，我们得以返归人

1　JF1, I, 579–581.

2　AD, III, 616.

性的根源，也即，回归那些时刻，在其中符号超越了明确的内容、密语超越了表面文字：这个女人并没有"传达"什么，但是，她不断制造着有待破译的符号。

这也就是为什么，当我们认识到自己在荒废时光的时候，不论是出于势利眼还是因迷恋爱情，我们往往都在进行着一种隐秘的学习，直至达到我们所失去的时间的最终真理的呈现。我们永远也不会知道一个人是怎样学习的；不过，无论他以怎样的方式学习，总是通过符号在逝去的时间中的中介作用，而不是通过对客观内容的掌握。谁知道一个学生怎么就一下子变得"擅长拉丁文"，又是哪些符号（爱的需要或甚至是不可告人的需要）促进了他的学习呢？我们永远也不可能从导师或父母交给我们的字典中学到什么。符号自身蕴涵着作为关联的异质性（l'hétérogénéité）。我们绝不是作为某人来进行学习的，而是与某人一起学习，他和我们所学习的东西之间不存在相似性的关联。谁知道一个人是怎样成为伟大的作家的呢？关于奥克达夫，普鲁斯特说道："但想到那些可能是我们时代最超凡脱俗的作品不是出自中学优等生会考的参加者之手，也不是出自受过典范的、学院的、布洛依家族式的教育的人之手，而是一个出入于赛马骑师过磅处和大酒吧的人所著，我仍然感到震惊"[1]。

---

1 AD, III, 607.

然而，仅仅浪费时间还不够。我们怎样才能从我们所失去的时间中获取真理，乃至逝去时间的真理？——为何普鲁斯特把这些真理称为"理智的真理"？事实上，它与理智通过其善良意志的运作而发现的真理是相对立的，理智着手进行此种探寻并禁止自己荒废时间。我们于此看到了理智真理的局限所在：它们缺乏"必然性"。然而，在艺术或文学之中，当理智突然到来的时候，它总是滞后的，而非在先的："印象对于作家就正如实验对于学者，二者的差异就在于：对于学者，理智的运作总是提前的，而在作家那里，它总是滞后的。"[1]首先，应该体验一个符号的强力的效应，而思想就像是被驱使去探寻这个符号的意义。在普鲁斯特这里，总体说来，思想总是以不同的形式出现：回忆、欲望、想象、理智、本质的官能……然而，恰恰是在人们失去时间与逝去的时间的情形之中，正是理智，并且只有理智才能提供思想的努力，或对符号进行阐释。正是它在进行发现，不过总是滞后的。在思想的所有形式之中，只有理智才能获得此种类型的真理。

社交的符号是浅薄的，爱与嫉妒的符号是痛苦的。然而，谁还会去探寻真理，如果他不是从一开始就明白一个姿势、一种语调、一次问候都是有待解释的？谁还会去探寻真

---

1 TR2, III, 880.

理，如果他从一开始就体验到一个被爱者的谎言所带来的痛苦？理智的观念往往是忧愁的"代替物"。[1] 痛苦驱使理智去探寻，正如某些异常的愉悦引发了回忆的运转。理智重又使我们理解：最浅薄空洞的社交符号归结为法则，而最痛苦的爱的符号归结为重复。于是我们学会了利用这些存在者：这些或浅薄或冷酷的人，他们"置身于我们的面前"，他们无非只是那些超越于他们之上的主题的体现，或者作为一个对于我们已经无效的神性碎片。对于社交界的法则的发现给予符号以一种意义，而当被单独把握的时候，这些符号是无意义的；然而，特别是，对于我们的爱之重复的理解，把这些符号中的每一个转化为快乐，而它们当被单独把握的时候则会带给我们如此的痛苦。"因为，我们对于那个最挚爱的人的忠诚比不上我们对于自身的忠诚，而且，我们或迟或早会忘记她，只是为了能够重新开始去爱，这就是我们自己的一个特征。"[2] 我们曾经爱过的那些人带给我们一个接一个的痛苦；然而，它们所形成的断裂的链条是一场理智的快乐演出。于是，正是依靠理智，我们才能发现那在开始的时候所无法认识的东西：当我们认为在荒废时光的时候，我们已经在学习符号了。我们懂得了，我们的怠

1 TR2, III, 906.

2 TR2, III, 908.

惰的生活与我们的劳作是浑然一体的："我的一生……一项使命"[1]。

我们失去的时间、逝去的时间，还有我们重新发现的时间和重现的时间。无疑，每种符号都对应着一种具有突出重要性的时间线。社交符号所蕴含的尤其是一种我们所失去的时间；而爱的符号则特别包含着逝去的时间。感觉符号总是令我们重新发现时间，并通过逝去的时间来重新把它赋予我们。最后，艺术的符号给予我们一种重现的时间，它是绝对的原初的时间，包含了所有其他种类的时间。然而，如果说每种符号都有其所强调的时间维度，那么，同样，每种时间线也都和其他时间线相互重叠并参与到时间的其他维度之中。我们所失去的时间延伸到爱的符号，甚至是感觉符号之中。而逝去的时间已经在社交界中呈现，它在感觉符号中仍继续存在。我们重新发现的时间以其自身的方式反作用于我们失去的时间和逝去的时间。而且，正是在艺术作品的绝对时间中，时间的所有其他维度都整合在一起并且发现了它们所对应的真理。因而，符号的世界，《追忆似水年华》中的这些循环，都是根据时间线（这些线条是真正的学习的轨迹）而展现的；然而，这些线之间相互影响，相互作用。这

1 TR2, III, 899.

样，离开相互对应和象征化、离开重新分配、离开进入构成真理体系的复杂结合体的运动，符号就不可能根据时间线来展现自身（se développer）和解释自身（s'expliquer）。

第三章
学习

　　普鲁斯特的著作并非指向过去和回忆的发现，而是指向未来和学习的进程。重要的是，主人公在开始的时候并不懂得某些事情，他逐步学习它们，并在最后获得了最终的启示。因此，他必然会体验到失望：他"曾经相信"，他产生幻觉，世界在学习的进程中动摇不定。不过，我们仍然赋予《追忆似水年华》的发展进程以一种线性的特征。事实上，部分性的启示在某个符号领域中呈现，但是，它往往伴随着在另外的领域之中的退步，从而陷于一种更普遍的失望之中，并且，只要艺术的启示没有对总体进行系统化，这种失望就会以另外的、始终是不确定的方式重新出现。同样，在任何一个时刻，某种具体的失望都会重新诱发怠惰并危及总体。由此就产生了这个根本性的观念：时间形成多种差异性的序列，并且比空间具有更多的维度。在一种维度中所赢得的，在另一种中却无法赢得。《追忆似水年华》具有自身的节奏，这并非仅仅通过回忆的贡献和沉积而形成，而且也通过不连续的失望的序列以及在每种序列中为克服失望所采用的方法而形成。

对符号保持敏感，把世界作为某种有待破解的事物来思索，这无疑是一种才能。然而，如果我们不能创造出必要的相遇，则此种才能就有在我们身上被埋没的危险；而且，只要我们还无法克服某些事实性的信念，则此种相遇就会仍然是无效的。我们的最基本的信念，就是把符号归属于承载符号的物体。所有的一切都在迫使我们相信这一点：知觉、情感、理智、习惯，乃至自尊心。[1]我们认为"物体"自身就包含着它所传布的符号的秘密。我们关切客体，为了破解符号，我们回归于客体。出于方便，我们把这种趋势称为客观主义（objectivisme），它对于我们来说是自然而然的，或至少是习以为常的。

因为，我们的任何印象都具有两个方面："一半包裹在对象之中，而另一半则延伸到我们身上，对这另一半，只

---

1 TR2, III, 896.

有我们自己才能认识。"[1] 每个符号都有两个部分：它指示着一个客体，但它意谓着某种不同的东西。客观的方面，是愉悦、直接的快乐以及实践的方面。我们走上这条道路，那我们就已经放弃了"真理"这个方面。我们辨认出事物，但我们永远也无法认识它们。我们把符号所意谓的与它所指示的在者或客体混为一谈。我们错过了那些最为美妙的相遇，我们逃避了把我们引向它们的迫切需要：比起对相遇的深入，我们更贪图辨识的简便。并且，一旦我们体验到了一种印象的愉悦，并把它视作一个符号所具有的夺目的光芒，那我们就只会所有那些我们用以向对象致意的表达。说"啧、啧、啧"，或同样的，"妙、妙、妙"。

被那种奇特的味道所吸引，主人公对他的杯中茶汤体现出浓厚的兴趣，他喝了第二口、第三口，就好像客体自身向他呈现出符号的秘密。被某个地名或人名打动，他一开始所想象的是这些名字所指示的人或地方。在他还没有认识盖尔芒特夫人之前，她对他来说显得富有魅力，因为他相信，她一定拥有她名字的秘密。他自己把她描绘为："像受到夕阳的沐浴似的，沉浸在'芒特'这两个音节所放射出来的橙色的光辉之中"。[2] 而当他见到她时，"我自语道，在所

1　TR2, III, 891.

2　CS1, I, 171.

有人眼中，她正是盖尔芒特公爵夫人这个名字所指示的；而这个名字所意谓的那不可思议的生活，她的身体完美地包含了它"[1]。在他动身之前，世界对于他显得神秘：他相信那些发送符号的人也同样理解这些符号并掌握着破译的密码。在起初的几次恋爱之中，他从所有那些体验到的"物体"身上获益：在他看来，一个人身上显得独特的东西也必定属于这个人。在他初恋时，他把"物体"赋予了他所经历的一切：他认为在某个人身上独一无二的东西也属于那个人。因此，初恋就会倾向于揭露，这正是爱的形式——将我们所认为属于对方的符号返还给他。"当我爱希尔贝特那时节，我还以为爱情当真在我们身外客观实际地存在着……我仿佛觉得，如果我自觉自愿地用假装的不动感情来代替承认爱情这种甘美，我就不仅会剥夺自己最最梦寐以求的那份欢愉，也可以以我自己的自由意志，制造一份虚假的、没有价值的爱情"[2]。最终，艺术自身的秘密似乎就存在于有待描述的对象、有待指示的事物以及有待观察的人名与地名之中；即便主人公常常怀疑他的艺术才能，他也知道到那是自己在观察、聆听和观看方面的无能为力。

"客观主义"对各种符号都造成了损害。它并非某种单

1　CG2, II, 205.

2　CS2, I, 401.

一趋势的结果，而是聚合了不同的趋势。把一个符号归结于传布它的物体联系起来，并把符号的成果归属于物体，这首先就是知觉和表象的自然趋向。然而，它同样也是意愿回忆的趋向，此种回忆所记起的是事物而非符号。它还是愉悦和实践活动的趋向，后者旨在对事物的占有或对客体的消费。另外，它还是理智的趋向。和知觉一样，理智也具有客观性的旨趣，对于物体的旨趣。理智幻想着它能够依靠自身去发现、接受、或传播客观的内容，以及明确的客观的含义。理智因此是客观主义的，就像知觉。知觉专注于把握感性对象，而同时，理智专注于理解客观的含义。因为，知觉相信，现实应该被观察、被观看；而理智则相信，真理应该被说出、被明确表达。什么是《追忆似水年华》的主人公在学习开始的时候所没有了解的呢？他不了解"真理不说也会呈现出来，人们可以从无数的外在的符号，甚至从个性世界某些看不见的、与自然界的大气变化相类似的现象中搜集到。这样也许更可靠，用不着等别人说出来，甚至对别人的话根本不必重视"。[1]

理智所趋向的事物、行动和价值也同样是多种多样的。它促使我们进行对话，并由此相互交流观念。它鼓励我们发

1　CG1, II, 66. "起初，是弗朗索瓦丝给了我例证（只有到了更晚的时候，我才能理解这一点）。"

展友情，而友情是奠基于观念和情感的共同体之上的。它要求我们去工作，而通过工作，我们就能发现新的可沟通的真理。它激励我们从事哲学，也就是说，从事一种自觉的和预设的思想活动，由此我们得以确定客观含义的种类和内容。值得思索这个关键点：友情和哲学有理由接受同一种批判。根据普鲁斯特，朋友就是那些具有善良意志的人，他们就事物、词语和观念的含义明确达成一致；然而，哲学家同样是这样一种思想者，他自己预设了思想的善良意志，并把思想归结为对真的出于本性之爱，把真理归结为对出于本性而被思想的事物所进行的明确规定。这也就是为什么，与友情和哲学的传统联姻相对立，普鲁斯特提出了一种由爱和艺术所形成的更为隐秘的联姻。一次平凡的恋爱要比一种伟大的友情更有价值：因为爱情在符号方面是丰富的，并源自缄默的阐释。一件艺术作品要比一部哲学著作更有价值；因为在符号中所包含的东西要比所有明确的含义更为深刻。那些驱使我们的东西要比我们的善良意志或专注工作的所有成果都更为丰富；比思想更为重要的是，存在着"产生思想的东西"[1]。无论以何种形式，理智自身只能达到或使我们达到这些抽象的和约定性的真理，后者只有可能性的价值。这些出自劳作、理智和善良意志的结合的真理有何价值呢（它们所

1　CG3, II, 549.

传播的和它们所发现的一样多，而它们所发现的又和它们能够被接受的一样多)？对于拉贝玛的一种语调，普鲁斯特说道，"正是由于她的清晰性，她才没有令我感到满意。那种语调是独具匠心的，目的明确，意义明确，几乎任何富有理智的艺术家都能掌握"。[1]

起初，《追忆似水年华》的主人公或多或少地接受了所有这些客观主义的信念。不过准确说来，即使他较少地拥有某个符号领域中的幻觉，或他很快就摆脱了这个层次中的幻觉，但这并不妨碍此种幻觉在另一个领域和层次之中持续存在。这样，看起来主人公并非绝不会领悟友情的重要意义：友情在他看来始终是第二位的，而朋友的价值更多的在于他的表现而不在于他所灌输给我们的某种观念或情感的共同体。那些"杰出的人"什么也没教给他：即使是贝戈特或埃尔斯蒂尔也无法向他传授任何真理，此种真理能够使他不必进行私人性的学习并避免注定要经历的符号和失望。因此，他很快就被迫认识到，一个杰出的人，乃至一个伟大的朋友，都比不上一段昙花一现的爱情。然而，正是在爱情之中，他更难以摆脱相对应的客观主义的幻觉。对少女们的总体性的爱恋、阿尔贝蒂娜的缓慢的个体化，以及选择的偶然性，正是这些让他领悟到，爱的理由绝不在于我们所

1　JF1, I, 567.

爱的那个人，而是指向着那些根据复杂的法则体现于他身上的幻象（fantôme）、第三者（Tiers）和主题（Thèmes）。同时，他懂得了，表白并非爱情的本质，不必要也不值得表白：如果我们依赖于符号的客体以及超越其上的含义（signification），那我们就会迷失，并失去所有的自由。"自从香榭丽舍的玩乐时光以来，我对于爱的观念已经变得不同，如果说那些我曾接连爱上的人还保持同一的话。一方面，表白、向我所爱的人倾诉柔情，这些对于我来说不再是爱情的一个最重要的和必要的阶段，同样，爱情也不是一种外在的现实。"[1]

在任何领域之中，要想摆脱这种对某个外在现实的信念是何等的困难。感觉符号使我们陷入圈套，让我们试图在承载和传布这些符号的客体身上去探询其意义；因此，失败的可能性、对阐释的放弃，这就像是水果里的蛀虫。而且，就算我们已经在大部分领域中克服了客观主义的幻觉，但是它们仍然在艺术之中存在，因为在艺术的领域中，我们始终相信：应该学会去聆听、注视、描绘，应该求助于对象，分解它、研磨它，以便萃取真理。

不过，《追忆似水年华》的主人公很清楚一部客观主义的文学作品的缺陷。他总是强调自己无力进行观察和描绘。

1　JF3, I, 925.

普鲁斯特的憎恶是出了名的：他反对圣勃夫[1]，后者认为，对真理的发现与一种"漫谈"（causerie）、一种对话的方法密不可分，正是通过此种对话我们试图从最抽象的材料之中获取真理，其中首要的是那些声称已经熟识某人的那些人所透露的知心话。他反对龚古尔兄弟，后者分解一个人或一个对象，再把他还原，他们分析他的构成，重新描绘其轮廓与投影，以便能够从中获取特异（exotique）的真理（龚古尔兄弟也相信对话的魔力）。反对现实主义的艺术或流行艺术，这些艺术信奉理性的价值和明确界定的含义，正如它们相信重大主题一样。必须从这些方法所导致的结果来对其进行判断：例如，圣勃夫对巴尔扎克、司汤达或波德莱尔所做的拙劣描绘。而龚古尔兄弟对维尔迪兰夫妇或戈达尔夫妇又能了解什么呢？什么都没有，如果我们遵循着《追忆似水年华》的内容的话；他们对那些被明确说出的东西进行报道和分析，却错过了那些最为夺目的符号，比如戈达尔的荒唐之举的符号，维尔迪兰夫人的怪诞的手语和象征。而流行艺术与无产阶级的艺术正是以此为特征，它们把工人当作愚人。从本质上说，一种把符号归结于其所指示的客体（观察与描绘）并以此来对其进行解释的文学是令人失望的，它汇集了那些见证和沟通的伪客观主义的保证（漫谈、调查），并把

---

1 《驳圣勃夫》是普鲁斯特的著名的文论作品。——译注

意义和理智的、明确表达的含义（重大主题）混为一谈。[1]

《追忆似水年华》的主人公始终感觉与此种艺术和文学的概念格格不入。然而，每当他证实其无效之时，为什么他会体验到一种如此强烈的失望？这至少是因为，艺术在此种概念中发现了一种明确的目的：它依附于生活，旨在崇高化生活，并提取其中的价值与真理。而当我们声讨一种观察和描绘的艺术的时候，是谁向我们说：这并非出于无力进行观察和描绘，是谁激发了此种声讨？我们是否无力去理解生活？我们以为是在反对一种艺术的虚假形式，但是，我们所反对的也许是一种本性的缺陷，一种生命意志的匮乏。因而，我们的失望并非仅仅是针对客观主义的文学，而更是针对这一点：即我们无力在此种文学形式上获得成功。[2] 尽管心怀厌恶，但《追忆似水年华》的主人公无法克制对此种观察才能的渴望，它能弥补他身上灵感的间断。"然而，通过给予我自己一种来自可能的、充满人性的观察所带来的安慰——它刚刚取代了一种不可能的灵感，我知道我只是想给

1　TR2, III, 888-896. 我们不会认为普鲁斯特对于客观主义的批判也适用于当今被人们称为新小说的作品。在新小说之中，对对象进行描绘的方法只有在与主观的变化联系在一起才有意义，它们被用来解释这些变化，而缺少它们，这些变化就将是无法感知的。新小说属于奥秘符号和隐含真理的范畴。

2　TR1, III, 720-723.

予自己一种安慰"[1]。因此，对于文学的失望具有不可分离的双重性，"文学不再能带给我任何快乐，这或是出于我的过错，我并不拥有这样的才能，或者因为它本身确实不如我曾经认为的那样充实"[2]。

失望是探寻或学习的过程中的一个关键时刻：在符号的每个领域之中，每当对象不能给予我们以所期待的秘密之时，我们就会感到失望。并且，失望自身也是多样的，根据每种学习的路线而变化。很少有什么事物能在我们初次看到它们的时候不让我们感到失望。因为，第一次总是缺乏经验的，我们还不能把符号和对象区分开来，对象干扰并模糊了符号。初次听到凡德伊演奏时的失望，初次与贝戈特相遇时的失望，初次见到巴尔贝克的教堂时的失望。而且，即使第二次我们可以再度回复到这些事物，也仍然无济于事，因为意愿回忆和此种回复本身所带给我们的恰恰是一些阻碍，就像是在第一次的时候阻碍我们自由地体验符号的东西一样（从另外的方面来看，第二次在巴尔贝克的居留并不比第一次更少地令人失望）。

那么，在每个领域之中，该如何应对失望呢？在每种学习的路线之中，主人公在不同的时刻都经历了一种相似的

1　TR1, III, 855.

2　TR1, III, 862.

体验：在对象方面的失望后，他力求寻找一种主观上的弥补。当他看见进而了解盖尔芒特夫人之时，他意识到，她并不拥有她名字的秘密。她的面容和肉体并没有被赋予那些音节的色彩。除了对此种失望进行弥补，还能做什么呢？要以个人的方式对这些符号进行感知，它们虽然不那么深刻，但却更好地适合于公爵夫人的魅力，这都得归功于她在我们身上所引起的观念的联想。"盖尔芒特夫人也无非是泯然众人，这起初让我感到一种失望，而借助于大量好酒所产生的反应，这几乎成了一种惊叹。"[1]

客观性的失望与主观性的补偿机制尤其是在戏剧的例子中得到了分析。主人公渴望听到拉贝玛的朗诵。而当他终于听到时，他首先做的就是试图辨认出拉贝玛的天赋，明确界定此种天赋，把它分离出来以便最终能够指示它。这就是拉贝玛，"终于，我听到了拉贝玛"。他听到了一种特别具有理智和令人赞赏的精确性的音调。同时，这就是费德尔（Phèdre），是费德尔本人。然而，什么也不能抑制此种失望。因为此种音调只具有理智的价值，它具有一种完全确定的意义，后者只能是理智和劳作的产物。[2] 也许，应该以不同的方式来聆听拉贝玛的朗诵。只要我们还是把这些符号归

---

1 CG3, II, 524.

2 JF1, I, 567.

属于拉贝玛这个人，我们就无法对它们进行品鉴和阐释，或许应该以另外的方式来探寻它们的意义：在既非对费德尔也非对拉贝玛所进行的联想之中。这样，贝戈特就告诉主人公说，拉贝玛的某种仪态让人想起某尊古代的雕像，她大概未见过它，但拉辛却肯定从未想到过它。[1]

每条学习的路线都要经历这两个时刻：一种客观性的解释努力所导致的失望，接着是一种主观性的解释对此种失望所进行的补救的努力，在后者中我们重新建构了联想的总体。无论是在爱情中，还是在艺术中，理解这一点都很容易。这是因为，符号无疑要比发送它的对象更为深刻，但是，它仍然要和这个对象联结在一起，它至少有一半是包裹于其中的。并且，符号的意义无疑是比对其进行解释的主体更深刻，但是它也和这个主体联结在一起，并至少有一半是体现于某种主观性的联想系列之中。我们从一个时刻走向另一个时刻，从一半跃向另外一半，我们对客体所引起的失望进行主观上的补偿。

于是，我们就能预感到：此种补偿的时刻其自身仍然是不充分的，因而不能给出最终的启示。我们把客观的、理智的价值替换为一种观念联想的主观游戏。当我们登上符号的阶梯之时，此种补偿的不充分性就显得更为明显。拉

1　JF1, I, 560.

贝玛的姿态楚楚动人，因为它让人想起一尊古代雕像。同样，凡德伊的音乐显得优美，因为它让我们想起一次在布洛涅（Boulogne）森林中的漫步。[1] 在联想的运作之中，任何东西都是有可能的。从这点上来看，我们将无法发现艺术和玛德莱娜小蛋糕所带来的愉悦之间的本质差别：到处都是过去的相邻观念所形成的队列。无疑，即使是对于玛德莱娜小蛋糕的体验也确实无法被还原为单纯的观念联想；然而，我们仍然无法理解其原因；通过把一部艺术作品的特性等同于玛德莱娜小蛋糕的味道，我们将永远失去进行理解的途径。远非把我们引向一种对于艺术的恰当解释，此种主观性的补偿最终把艺术作品本身转化为一种单纯的观念联想：正如斯万的迷狂，他永远无法对乔托或波提切利爱得那么深，除非当他在某个厨房的女子或被爱的女子的面容上重新发现那种风格的时候。换言之，我们自己建造了一座完全私人的博物馆，在其中，一块玛德莱娜小蛋糕的味道、一阵风的特性，都超越了所有的美："在他们向我所指示的美景之前，我感到寒意，这些美景激发起了我种种错杂的回忆……我带着狂喜吸进那穿过门隙的风的味道。我知道您喜欢风，他们对我说"。[2]

---

1 JF1, I, 533.

2 SG2, II, 944.

然而，就没有超越对象和主体的东西了吗？拉贝玛的例子告诉了我们答案。《追忆似水年华》的主人公最终将明白，无论拉贝玛还是费德尔都不是可以被指示的人物，更不是联想的要素。费德尔是一个角色，而拉贝玛正是和这个角色融为一体。然而，不是说这个角色仍然还是一个客体或某种主观性的事物。相反，它是一个世界，一个为本质所占据的精神的所在。作为符号的承载者，拉贝玛使得它们变得如此的非物质性以至于能向本质彻底地敞开并为后者所充实。这样，即使是通过一个平常的角色，拉贝玛的姿态仍然能为我们敞开一个可能性本质的世界。[1]

超越了被指示的对象，超越了明确说出的理智真理；同样，也超越了这些主观性联想的链条以及通过相似性或相邻性而形成的再现：存在着本质，它们是非逻辑的或超逻辑的。它们超越了主观性的状态、正如超越了对象的属性。正是本质构成了符号和意义的真正统一；正是它使符号无法还原为发出它的对象；正是它使意义无法还原为理解它的主体。它是学习的最终目的，或者是最后的启示。不过，与其说是通过拉贝玛，更应该说是通过艺术品、通过绘画与音乐，尤其是通过文学的问题，《追忆似水年华》的主人公才

---

[1] CG1, II, 47-51.

最终达到了对于本质的揭示。社交界的符号、爱的符号，乃至感觉符号都不能给予我们以本质：它们使我们接近本质，但却最终落入对象的陷阱和主观性的罗网之中。只有在艺术的层次上，本质才能被揭示。然而，一旦它们在艺术作品之中呈现自身，它们就会在其他各个领域中重新出现；我们明白，它们已经被体现出来了，它们已经存在于符号和学习的所有类型之中。

第四章

艺术的符号和本质

和其他符号相比,艺术符号的优越性何在?这就在于,其他符号都是物质性的。它们之所以是物质性的,首先是由于它们的传布:它们部分地被包含于承载它们的物体之中。感觉属性、被爱的面容仍然是物质。(具有含义的感觉属性特别是气息和味道,这绝非偶然:它们是所有属性中最具有物质性的。被爱的面容、吸引我们的游戏,以及肌肤的纹理,这些都是物质。)只有艺术的符号才是非物质性的。无疑,凡德伊的那个乐句超越了钢琴和小提琴的乐声。无疑,它们可以被物质性地分解:五个非常接近的音符,其中两个是重复出现的。然而,正如在柏拉图那里一样,3 + 2 没有解释任何东西。钢琴在这里仅仅是另一种完全不同性质的键盘的空间形象；而音符，就像是一种完全精神性的实体的"声音显像"。"就好像，与其说这些乐器正在演奏这个乐句，倒更不如说它们是在上演着它的呈现所需的仪式。"[1] 从这个方面看来，对于小乐句的印象是非物质的（*sine materia*）。[2]

至于拉贝玛，她则利用其嗓音和手臂。然而，她的姿态并不是体现出某种"肌体的联结"，而是形成了一种透明的肉体，它透射出一种本质和理念（Idée）。平庸的女演员需要通过泪水来表示其所扮演的角色的痛苦："超越了那些人们所见到的泪水，因为在阿里西和伊斯梅尔那大理石般的声音之上，泪水并没有吸收。"然而，拉贝玛的所有表达都变成了音色的性质，正如一位出色的小提琴家。在她的嗓音之中，"没有一星半点惰性的、对于精神漠不关心的物质的残余"[3]。

其他符号是物质性的，这不仅仅是由于其来源和它们部分地被包含于客体之中的方式，还由于它们的展现或"解释"（explication）。玛德莱娜小蛋糕把我们引向贡布雷，而

1　CS2, I, 347.

2　CS1, I, 209.

3　CG1, II, 48.

石板路则引向威尼斯，等等。无疑，当下和过去的这两种印象具有同一种性质；但从物质上说，它们还是两个事物。因而，每当记忆介入时，符号的表现就仍然还带有某种物质性的东西。[1] 马丹维尔的钟楼，虽然仍属于感觉符号的范畴，但已经构成了一个较少"物质性"的例子，因为它们借助于欲望和想象，而非记忆。[2] 不过，对于钟楼的印象是通过三个少女的形象被表现出来的；为了成为我们想象中的女子，她们只能从物质上成为某种不同于钟楼的事物。

普鲁斯特经常谈到对其颇有影响的必然性，即总有某种事物向他唤起，或使他想象另外的事物。然而，无论这个类比的运作在艺术中具有何种重要性，在其中却无法发现艺术的最深刻的法则。只要我们在另外的事物中发现了一个符号的意义，那么，就仍有一星半点的物质持存，并抵抗着精神。相反，艺术给予我们一个真正的统一体：一个非物质性的符号和一种完全精神性的意义所构成的统一体。本质恰恰就是此种符号和意义的统一体，正如其在艺术作品中的呈现。本质或理念，这就是那个小乐句的每个符号所揭示的东西。[3] 正是它给予乐句以其独立于乐器和声音的真实存在，

1　P2, III, 375.

2　Ibid.

3　CS2, I, 349.

因为乐器和声音都仅仅是再现或实现了它而不是构成了它。艺术对于生活的优势就在于此：我们在生活之中所遇见的所有符号都仍然是物质性的，它们的意义总是存在于另外的事物之中，因而不完全是精神性的。

　　什么是艺术作品中所揭示的本质？它就是一种差异，终极的、绝对的大写差异（Différence）。正是它构成了存在，并使得我们能够把握存在。这也就是为什么只有艺术，由于其对于本质的呈现——能给予我们那些我们曾徒劳地在生活中寻找的东西："我曾徒劳地在生活之中、在旅途之中追寻的多样性……"[1] "差异的世界并不在大地的表面存在，不在那些我们的感知使其均质化的国家之中，尤其是，不存在于世界之中。那么，它是否竟存在于何处呢？凡德伊的七重奏似乎给了我肯定的回答。"[2]

　　但究竟什么是一种绝对的、终极的差异呢？它不是一种在两个事物或对象之间的经验性的差异，此种差异始终是外在的。普鲁斯特给出了对于本质的第一个概括，他指出本质是某种存在于主体之中的事物，作为某种存在于主体的核心的最根本性质：内在的差异，"性质的差异存在于世界向

1　P1, III, 159.

2　P2, III, 277.

我们呈现的方式之中，如果不曾有艺术，那此种差异就将始终作为每个人的永恒的秘密"[1]。从这个方面来说，普鲁斯特是莱布尼兹主义者：本质是真正的单子，每个单子都根据它们表现世界的视点而被界定，而每个视点自身都归结于某种居于单子的基础的终极性质。正如莱布尼兹所说，单子既没有门也没有窗户：视点就是差异自身，即便面对两个相同的世界，不同视点之间的差异也堪比最遥远的平行宇宙。这就是为什么友情从未建立真正的联系，它总是奠基于误解之上，打开的只能是错误的窗户。这就是为什么爱情则更为清醒，它从原则上否弃了所有的沟通。我们唯一的门窗都是精神性的：只存在着艺术性的主体间性。只有艺术才能给予我们那种我们曾在一个朋友里徒劳寻觅的东西，那种我们将在一个爱人身上徒劳寻觅的东西。"只有借助艺术，我们才能走出自我，了解别人在这个世界，在与我们不同的世界里看到些什么，否则，那个世界上的景象会像月亮上有些什么一样为我们所无法认识。幸亏有了艺术，才使我们不只看到一个世界，我们的世界，才使我们看到世界的增殖，而且，有多少个敢于标新立异的艺术家，我们就能拥有多少个世界，它们之间的差异比那些进入无限的世界之间的差异

1 TR2, III, 895–896.

更大……"[1]

那么，这是否意味着本质就是主观性的，而差异就是主体间的而非客体间的？这样我们就忽视了普鲁斯特的这些文本，在其中他把本质视作柏拉图式的理念并赋予它们一种独立的现实性。甚至，凡德伊"揭示"了其话语更甚于他创造了它。[2]

每个主体都从某个视点来表达世界。然而，视点，就是差异自身，就是内在的、绝对的差异。因此，每个主体都表达了一个绝对差异的世界。而且，毫无疑问的是，被表达的世界并不外在于表达它的主体（那个我们称之为外在世界的东西仅仅是一种令人失望的投射，是所有这些被表达的世界的一致化的边界）。不过，被表达的世界不能因而就与主体相混淆：二者是相互区分的，恰似本质和存在之间是相互区分的，在主体中包含着世界自身的存在。世界不外在于表达它的主体，然而，它是作为本质而被表达的，此种本质不是主体的本质，而是存在的本质，或那种在主体中呈现的存在领域的本质。这就是为什么每种本质都是一个国家、一片故土（patrie）。[3]它不能被归结为一种心理状态、心理的主体

1 TR2, III, 895–896.

2 CS2, I, 349–351.

3 P2, III, 257.

53

性，甚至是某种更高的主体性的形式。本质是某种居于主体的核心的最根本的性质；然而，这种性质要比主体更深刻，它属于另一个不同的范畴："一个独一无二的世界的未知的性质。"[1] 并非主体表现了本质，毋宁说，是本质自身被蕴含于、包含于、蕴藏于（s'enrouler）主体中。而且，通过蕴藏于自身之中，它构成了主体性。并非个体构成了世界，而是世界被包含于个体之中，并且是本质构成了个体："这些世界，我们称之为个体，而离开艺术，我们将永远也不能认识它们。"[2] 本质不仅仅是个体性的（individuelle），还是个体化的（individualisante）。

视点并不能等同于拥有视点的人，而内在性质也不能等同于它所个体化的主体。此种本质和主体之间的区分要比普鲁斯特所认识到的更重要：他只不过把它当作证明灵魂不朽的唯一可能的证据。在那种揭示本质，或仅仅是理解本质的灵魂之中，本质是作为一种"神圣的囚徒"[3]。也许，本质自身是被囚禁于，并包含于这些它使其个体化的灵魂之中。它只存在于此种被囚禁的状态之中，然而，它们并未脱离那片"未知的国度"，并把后者与其自身包含于我们之中。它们是

1　P2, III, 376.

2　P2, III, 258.

3　CS2, I, 350.

我们的"人质"（otage）：如果我们死去，它们也随之消亡；但如果它们是永恒的，那么我们也在某种意义上是不朽的。因此，它减小了死亡的可能性：唯一的证据，唯一的希望，就是美学的。这样，两个问题就从根本上相互联结："艺术的现实性的问题，以及灵魂的永恒性的问题。"[1] 从这个方面看来，贝戈特在维米尔的黄色小墙前的死亡变得具有象征意义："在天国的磅秤上，一端的秤盘盛着他自己的一生，另一端则盛着被如此优美地画成黄色的一小块墙面。他感到自己不小心把前一个天平托盘误认为后一个了。……又一阵眩晕向他袭来……他死了。永远死了？谁能说得准呢？"[2]

　　一般说来，被包含于本质之中的世界始终是大写的世界（le Monde）的开始、一个宇宙的开始、一种绝对的极端的开始。"首先是钢琴独自哀怨，像一只被伴侣遗弃的鸟儿；提琴听到了，像是从邻近的一株树上应答。这犹如世界初创的时刻，大地上还只有它们两个，也可以说这犹如是根据造物主的逻辑所创造，对其余的一切都关上了大门，永远是只有它们两个的世界——这部奏鸣曲。"[3] 普鲁斯特笔下关于大

1　P2, III, 374.

2　P1, III, 187.

3　CS2, I, 352.

海，或关于少女面容所作的描绘，对于艺术作品的本质来说又是何等的真实：不稳定的对立，"此种自然的原初要素的永恒的再创造"[1]。然而，如此界定的本质，就是时间自身的诞生。并非说时间已经被展开，它还未拥有那些明确分化的维度（根据这些维度它才能得以发生）和彼此分离的系列（在其中它遵循着不同的节律而被分布）。某些新柏拉图主义者采用一个深奥的词语来表示此种先于所有发展和展开的原初状态："复杂性"（la complication），它把"多"包含于"一"中，并肯定了"多"的"一"。对于他们来说，永恒不是变化的缺失，也不是一种无限的存在的不断持续，而是时间自身的复杂状态（*uno ictu mutationes tuas complectitur*）。而其动词形式，圣言，包含着一切本质（*omnia complicans*），被界定为最高的"复杂性"，对立者的"复杂性"，不稳定的对立……他们从中得出一种本质上是表现性（expressif）的宇宙的观念，这个宇宙根据内在"复杂性"的程度以及下降的表现的秩序而自我组织。

从任何意义上来说，夏吕斯都是复杂的。然而，这个词应该从其全部的词源学内容上得到理解。夏吕斯的天赋就在于能够保留所有灵魂，它们把他构成为一种"复杂"的状态：正是因此，夏吕斯才总是带有着一种世界起源的活力，

1　JF3, I, 906.

不断地发送着原初的符号，而对于这些符号，解释者应该进行破译，也就是说，进行解释。

不过，如果我们想要在生活中寻找某种和原初本质相对应的事物的话，我们将不会在某某人那里找到它，而毋宁说是在一种深层次的状态之中。此种状态，就是睡眠。寐者"在其四周维系着时间的流动、年岁和世界的秩序"；此种完美的自由终结于苏醒的时刻，也即，当它被迫根据调整过的时间秩序来进行选择之时。同样，艺术家主体拥有一种原初时间的呈现，此种复杂的时间被蕴藏于本质自身之中，它同时包含着其所有的序列和维度。"重现的时间"这个词的意义正在于此。重现的时间，以其纯粹的状态，被包含于艺术的符号之中。我们不会把它和另一种重现的时间（即感觉符号的重现的时间）相混淆。感觉符号的时间只是一种我们可以在逝去的时间自身中所重新发现的时间；它还发动了非意愿记忆的所有资源，并给予我们以一种永恒的简单形象。然而，就像睡眠，艺术超越了记忆：它依赖于作为本质的官能的纯粹思想。艺术使我们发现的，是蕴藏于本质之中的时间，这种时间诞生于被包含于本质之中的世界，它等同于永恒。普鲁斯特所说的"超时间性"（l'extra-temporel），就是这种处于创生状态的时间，以及重新发现它的艺术家主体。这就是为什么，严格说来，只有艺术作品才能使我们重新发现时间：艺术作品，是"重新发现逝去的时间的唯一方式"[1]。它包含着那些最高级的符号，这些符号的意义存在于一种原初的"复杂性"，是真正的永恒，是绝对的原初时间。

然而，确切说来，本质是怎样体现于艺术作品中的呢？或者，换言之：一位艺术-主体是怎样"传达"使其个体化并使其永恒的本质的呢？本质体现于物质之中。然而，这些物质是可延展的，它们被如此出色地揉捏和抽捻，以至于彻底变成精神性的。无疑，对于画家来说，这些物质是颜色，就像维米尔的黄色；对于音乐家来说，是声音；而对于作家来说，则是文字。然而，从更深层次说来，它们是自由的物质，通过文字、声音和颜色而得以表现。比如，在托马斯·哈代那里，石块、这些石块的几何形状，以及平行线构成了一种精神化的物质，在其中文字自身得以被组织；在司汤达那里，高度是一种轻盈的物质，它"和精神性的生命相联结"[2]。因此，一部作品的真正主旨并非那个被论及的主题——它是有意识的和意愿性的、并和文字所指示的东西混合在一起，而应当是无意识的主题，即非意愿的原型，在其中，文字、颜色和声音获取了它们的意义和生命。艺术是一种真正的物质的转化。物质在其中被精神化，物质性的介质在其中被去-

---

1 TR2, III, 899.

2 P2, III, 377.

物质化，以便能够透射出本质，也即，一种原初世界的性质。而此种对于物质的处理只和"风格"融为一体。

作为某个世界的性质，本质绝不会与某个客体相混合，而是相反，使得两种完全差异的客体相互接近，由此我们恰好意识到：它们在启示性的"介质"（milieu[1]）之中拥有此种性质。本质体现于某种物质之中，同时，构成本质的那种最根本的性质因而就作为两种差异的客体所拥有的共同性质而被表现出来，它在这种发光的物质之中被塑造，在这种折射性的介质之中被浸没。风格就存在于此："我们可以让出现于被描写地点的那些客体无限地相互接续在一篇描写之中，只是在作家取出两个差异的客体，明确提出它们之间的关系——这种在艺术世界中的关系类似于那种在科学世界中作为唯一关系的因果法则，并把它们摄入优美的风格所必需的环节之中，只是在这个时候才开始有真实的存在。"[2]这就是说，风格从本质上来说就是隐喻。然而，隐喻从本质上来说就是变形（métamorphose），它表明：在那种给予它们以共同属性的新介质之中，两个客体是怎样互换其规定性的，甚至是怎样互换指示它们的名字的。这样，在埃尔斯蒂尔的

---

1 从法文的词义上来说，milieu 还有中项、中心的意思。在这里即是使得两种差异的客体之间相互"接近"的"介质"。——译注

2 TR2, III, 889.

59

画中，海洋变成了大地，而大地变成了海洋，城市只是由"海的边界"所指示，而水域则由"城市的边界"所指示[1]。为了把物质精神化并使其适合于本质，风格再现了不稳定的对立、原初的"复杂性"，以及构成本质自身的那些原初要素之间的斗争和互换。在凡德伊那里，我们听到了两个相互斗争的动机，就好像是在进行一场肉搏："确实说来，仅仅是能量之间的肉搏，因为，一旦这些人相对抗，那就摆脱了他们的肉体、他们的外表、他们的名字……"[2]一种本质始终是一个世界的诞生；然而，风格却是此种持续的和折射性的诞生，此种重现于与本质相适合的物质之中的诞生，此种变成了客体的隐喻的诞生。风格非人，而是本质自身。

本质不仅仅是独特的、个体性的，而且还是个体化的。它自身使得它体现于其中的物质个体化并对其进行规定，以此把这些物质限定于风格的范围之内：这就是凡德伊那淡红色的七重奏和白色的奏鸣曲，或是瓦格纳作品中那美轮美奂的多样性。[3]本质自身就是差异。然而，如果它不同时拥有自我重复和自我同一的能力，那它也就不可能具有多样化和自身多样化的能力。既然本质是不能被替换的并且没有什么

1　JF3, I, 835–837.

2　P2, III, 260.

3　P1, III, 159.

东西能取而代之，那么，除了对其进行重复，我们还能怎样产生本质（它就是最根本的差异）呢？这就是为什么一部伟大的音乐作品只能被重复演奏，而一首诗，只有通过记诵才能被掌握。差异与重复之间的对立只是表象。没有哪个艺术大师的作品不曾令我们感慨："是同一个，但又是另一个。"[1]

作为一个世界的性质，差异只有通过一种自我重复才能被确立，此种重复遍及各种多变的介质，并把多样性的客体聚集在一起；重复构成了原初差异的不同等级，而多样性也构成了一种同样根本性的重复的不同层次。对于一位艺术大师的作品，我们会说：它是同一的，但带有相近层次之间的差异——然而，同样：它是不同的，但带有相近等级之间的相似性。事实上，差异与重复是本质所具有的两种力量，二者是相互关联、密不可分的。艺术家不会衰老，因为他重复自身；因为重复是差异的力量，同样，差异也是重复的力量。一位艺术家也会衰老，但这是只有当他"由于思想的衰退"，从而把那些只有在其作品中才能表达的东西、那些他应该通过其作品来进行区分与重复的东西，想象为可以更简单地在生活中直接发现的东西——就像那些现成的东西一样。[2]衰老的艺术家相信生活，相信"生活之美"；然而，他

---

1 P2, III, 259.

2 JF3, I, 852.

所拥有的只是那些创造艺术的东西的替代品而已，即重复由于其外在性而变为机械的，僵化的差异重新陷入那种它们不再能使其变得轻盈并具有精神性的物质之中。生活并不具有艺术的那两种力量；它仅以一种被降格的形式接收这些力量，并在最低层次、最弱程度上再现本质。

艺术因而拥有一种绝对的特权。此种特权以不同的方式被表现出来。在艺术中，物质被精神化，介质被去物质化。因此，艺术作品是一个符号的世界，但是，这些符号是非物质性的，并且，不具有任何不透明的东西：至少对于艺术家的眼和耳来说是如此。其次，这些符号的意义是一种本质，是在其所有力量中被肯定的本质。第三，符号和意义，本质和被转化的物质相互融合或结合于一种完备的一致性之中。符号的同一性作为风格，而意义的同一性作为本质：这就是艺术作品的特征。无疑，艺术自身是以一种学习为目的的。我们经历了客观主义的诱惑，又经历了主观性的补偿：正如在所有其他领域中那样。只不过，本质的呈现（超越了客体，也超越了主体自身）只属于艺术的领域。如果它必须被产生，那么，它只能在这里才能产生。这就是为什么艺术是世界的目的，是学习者的无意识的命运。

于是，我们就面临着两种问题。那些构成了生活领域的其他符号的价值何在呢？它们自身又能教给我们什么呢？我们是否可以说它们已经使我们踏上了艺术之路？它们又是怎样做到这一点的？然而，尤其是，一旦我们从艺术中领受了那终极的启示，它又是如何反作用于其他领域并成为一个涵纳一切于自身的系统的核心的呢？本质总是一种艺术性的本质。然而，一旦被发现，它就不会仅仅在精神化的物质中、在艺术作品的非物质性的符号中体现自身。它也还要在其他领域中得以实现，这些领域从此将被整合于艺术作品中。因此，它进入了那些更不透明的介质和那些更具有物质性的符号中。它在其中失去了一些原初的性质，但拥有了另一些性质，这些特征表达了本质下降到这些愈发抗拒的物质中的过程。本质的转化规律与生活的限定息息相关。

第五章
记忆的次要地位

为了对世俗符号和爱的符号进行解释，须求助于理智。是理智在进行破译：以"滞后"或从某种意义来说的被迫行动为条件，并且在社交界给予我们的神经系统的刺激的作用之下，甚或在爱情所带给我们的痛苦的影响之下，无疑，理智引发了其他官能的运动。我们已经看到，嫉妒调动了记忆的所有资源来服务于对爱的符号（即被爱者的谎言）所进行的阐释。然而，记忆不是直接被引发的，并且只能提供一种有意识的贡献。而且，准确说来，正因为此种记忆是"意愿性的"，它和有待破译的符号相比总是姗姗来迟。对于嫉妒的记忆想要保留住一切，因为最微小的细节也会透露一个谎言的符号或征象；它想要储存一切，以便理智能够拥有必需的材料来进行其接下去的阐释。同样，在对嫉妒的记忆中存在着某种崇高之物：它面临着自身的界限，并且，在对未来的趋向之下，努力超越这些界限。然而，它总是姗姗来迟，因为它在当时不懂得对有待保留的话语，以及那个人们尚不知道它带有某种意义的姿态进行区分。[1]"后来，当我面对明显的谎言，或当我产生了某种惶惶不安的疑虑，我试图去回忆；但这是徒劳的；我的记忆没有及时得到通知；记忆以为保存副本是不必要的。"[2]简言之，在对爱的符号所进行的阐释中，记忆只能以一种意愿性的形式介入，这就使得它必然要遭受一种令人惋惜的失败。因此，就其在每次爱情中的呈现看来，记忆的努力无法成功破解相应的符号；在带有遗忘和无意识重复的相互接续的爱情序列之中，只有理智的推动才能完成这个任务。

那么，著名的非意愿记忆（Mémoire involontaire）是在哪个层次介入的呢？我们注意到它只能根据某种非常独特的符号类型才能介入：即感觉符号。当我们感知到某种感官质量为符号时，就会感受到一种强制性的指令，促使我们去探寻其意义。于是，非意愿记忆有时会直接为符号所引发，并向我们呈现此种意义（贡布雷对于玛德莱娜小蛋糕、威尼

---

1   P1, III, 61.

2   P1, III, 153.

斯对于石板路，诸如此类）。

其次，我们注意到，此种非意愿记忆并不拥有所有感觉符号的秘密：有些指向欲望，以及想象的形象（比如马丹维尔的钟楼）。这就是为什么普鲁斯特仔细区分了感觉符号的两种情况：回忆与发现；"记忆的重现"与"借助于形象所呈现出的真理"[1]。清晨，当主人公醒来时，他不仅仅体验到与一道光线或一种气息混合在一起的非意愿记忆的驱使，还有体现在某个路过的女子身上的自觉的欲望冲动——女面包师、女洗衣工或高傲的少女，"总之是一种形象"……[2]最初，我们甚至都不能说出符号是来自何处。性质是指向想象，或只是指向回忆？应该考察所有的官能，以便发现那个能向我们揭示充分意义的官能。并且，一旦我们失败，我们无法确定未被揭示的意义是一个梦境的形象，还是记忆深处未被唤起的回忆。比如，那三棵树，它们是记忆中的风景还是梦中的风景呢？[3]

表现于非意愿记忆中的感觉符号有着一种双重的缺陷，这不仅仅是由于其与艺术符号之间的关联，还由于它与那些归结为想象的感觉符号之间的关联。一方面，它们的物质更

1　TR2, III, 879.

2　P1, III, 27.

3　JF2, I, 718–719.

具有不透明性和反抗性，它们的表现也仍然是过于物质性的。另一方面，它们仅仅从表面上超越了存在与虚无之间的对立（我们已经在对祖母的记忆中看到了这一点）。普鲁斯特谈到非意愿记忆或回忆，谈到那些记忆的符号所给予我们的超越尘世的快乐，以及这些符号使我们骤然间重新发现的时间。的确，通过记忆而体现的感觉符号形成一种"艺术的开端"，它们使我们踏上"艺术之途"[1]。如果不经历这些符号，我们的学习将永远不能发现通向艺术的途径，这些符号给予我们一种对重现的时间的预感，并使得我们为审美理念做好准备。然而，它们所作的只是让我们做好准备而已：仅仅是开端。它们仍然还是些生活的符号，而不是艺术自身的符号[2]。

它们要高于社交界的符号，也高于爱的符号；但低于艺术的符号。并且，即使是在它们所属的类别中，它们也低于想象的感觉符号，后者是更接近艺术的（尽管始终从属于生活）[3]。普鲁斯特常常把记忆的符号视为决定性的；在他看来，回忆似乎构成了艺术作品的基础，这不仅仅体现于其个人筹划的视角，还体现于那些伟大的先驱者，比如

1　TR2, III, 889.

2　同上。（"……甚至像生活一样……"）

3　P2, III, 375.

67

夏多布里昂、奈瓦尔或波德莱尔。然而，如果说回忆是作为构成性的部分而被整合于艺术中的，这毋宁说是因为它们是引导性的要素，能够引导读者理解作品和艺术家，并把读者引向艺术家对其任务及这个任务的同一性的构想："正是这种类型的感受必须唯一地引导我们走向艺术作品，我将尝试找到其客观理由。"[1] 回忆是生活的隐喻；隐喻是艺术的回忆。事实上，这二者具有某种共同点：它们都确定了两种完全不同的客体之间的某种关联，"为了使它们摆脱时间的偶然性"[2]。然而，只有艺术才能充分实现那些在生活中仅仅是刚开始呈现的东西。在非意愿记忆中的回忆仍然是从属于生活的：是生活层次的艺术，因而是拙劣的隐喻。相反，艺术在其本质上高于生活，不依赖于非意愿记忆。艺术的符号通过作为本质的官能的纯粹思想而得以表现。一般说来，感觉符号指向记忆，甚或是指向想象，有时，我们应该说它们是先于艺术的，它们只能引导我们走向艺术；有时，我们该说它们是后于艺术的，它们只能从中获取那些最为接近的映像。

　　如何解释朦胧记忆（réminiscences）的复杂机制？乍

1　TR2, III, 918.

2　TR2, III, 889.

看，它涉及一种联想的机制：一方面是一种当下的感觉和一种过去的感觉之间的相似性；另一方面是过去的感觉和某种我们经历的总体之间的相邻性，这种相邻性在当下感觉的作用下得以重现。比如，玛德莱娜小蛋糕的味道就和我们在贡布雷所品尝的味道相似；而且，它令贡布雷重现，正是在那里我们初次品尝了它的味道。人们常常会强调，在普鲁斯特那里，某种联想心理学具有形式上的重要性。然而，人们若因此而责怪他，这就错了：对联想主义的批评要比联想主义更老套。因此，我们应该问的是：从何种观点上看，回忆的境况确实超越了联想的机制；然而，还有，从何种观点上看，它们确实和这些机制相关。

朦胧记忆提出了很多没有被观念联想所解决的问题。一方面，我们已经在当下的感觉中所体验到的异常的快乐是来自何处？此种快乐是如此的强烈，以至于它足以使我们回归那种无差别的死亡。其次，如何解释当下和过去的这两种感觉之间不存在简单的相似性？超越于某种相似性之上，在两个感觉之间，我们发现了二者之中所存在的某种同一性。最后，为什么贡布雷的呈现，并非以它与过去的感觉相邻而被体验到的样子浮现，而是在某种光芒中呈现，带着一种在现实中绝对找不到对等物的"真理"？

此种重现的时间所带来的快乐，此种同一的性质，此种朦胧记忆的真理，我们体验到它们，并且感到它们超越了所有联想的机制。但究竟如何超越？我们无法说出。我们确认发生了什么，但是我们还尚未拥有对其进行理解的手段。在玛德莱娜小蛋糕味道的作用之下，贡布雷在其光芒中呈现出来；然而，我们却无法发现这种呈现的原因。对于三棵树的印象仍未被解释；相反，对于玛德莱娜的印象看起来已经被贡布雷解释。然而，我们几乎未取得任何进展：为什么会体验此种快乐、在贡布雷的重现之中又为何会呈现此种光芒呢？（"我于是推迟了对更深层原因的探寻。"）[1]

意愿性记忆（mémoire volontaire）从一个现实的当下趋向一个"曾经"的当下，也即，趋向某种曾经是当下但已不再是当下的事物。意愿性记忆的过去因此在双重意义上是相关性的：相关于曾经的当下；然而，同样也相关于一个当下，在与这个当下的关联之中，它现在才得以成为过去。同样，我们也说过此种记忆不能直接把握过去：它通过当下来对后者进行重构。这就是为什么普鲁斯特对意愿性的记忆和有意识的感知进行了同样的批评：后者相信在客体中能找到印象的秘密，而前者则相信在当下的前后接续中能找到记忆的秘密；准确说来，是客体对接续的当下进行区分。有意识的记忆通过当下的瞬间而运作："但只是这个词把它变得像摄影展览会一样乏味；我现在要描写我过去看到的东西，我昨天也

1　TR2, III, 867.

以细腻而忧郁的目光观察事物，并想在当时把它们描绘出来，但我感到我的鉴赏力和才能同昨天相比并没有增长。"[1]

很明显，意愿性的记忆遗漏了某种本质性的东西：过去的存在本身（l'être en soi du passé）。它假定过去作为过去只有在其已经是现在之后才得以形成。这意味着，必须等待新的现在到来，之前的现在才能成为过去。然而，这样一来，时间的本质就被我们遗漏了。因为如果现在在成为现在的同时并未成为过去，如果同一时刻不同时作为现在和过去共存，它就永远无法成为过去，也不会有新的现在替代它。这种过去的存在本质与现在共存，而不是继承自它。诚然，我们不能在把某个事物体验为当下的同时，又把它把握为过去的［除非是在记忆倒错（paramnésie）的情形中，与此相对应的也许是普鲁斯特所说的对于三棵树的幻象］[2]。然而，这是恰恰是因为，有意识的知觉和意愿性的记忆的共同需要，在更深层次上将虚拟共存的事物误认为是实际的继承关系。

如果说在柏格森和普鲁斯特的观念之间存在着某种相似性，那正是在这个层面上。并非在绵延的层面上，而是在记忆的层面上。我们不是从一个现实的当下向过去进行回溯，也不是用当下来对过去进行重构，而是顿时被置于过去自身

1　TR1, III, 865.

2　JF2, I, 718–719.

之中。这个过去所表象的并不是某种曾在的事物，而仅仅是当下的某物，它和作为当下的自身共存。过去并不是被保存于某种异于自身的他物之中，因为它就是其自身，它被保存于自身之中，并在自身中持存——这些就是《物质与记忆》中的著名主题。此种过去的存在自身，柏格森把它称为潜在（virtuel）。普鲁斯特也是如此，当他谈到由记忆的符号所产生的状态之时："真实的，但不是现实的，观念的，但不是抽象的。"[1]确实，从这里开始，普鲁斯特的问题和柏格森的问题产生分歧：对于柏格森来说，过去是被保存于其自身中的，理解这一点就足够了。尽管他在有关于梦或失忆的问题上有过深刻的讨论，但柏格森并未从根本上追问：过去，作为其存在自身，又是怎样为我们所获取的。在他看来，即使是那些最深奥的梦境也仅仅意味着一种纯粹回忆的降格，一种回忆向使其发生扭曲变形的形象中的下降。然而，普鲁斯特的问题却是：既然过去是被保存于其自身中并在自身中持存，那么，我们又怎样才能获取它呢？这样，普鲁斯特就面临着柏格森的主题；不是直接遇到，而是根据一则"挪威哲学家"的轶事，他的原型则是得自布特鲁（Boutroux）[2]。我们注意到普鲁斯特的回应："我们拥有我们的全部记忆，要

1　TR2, III, 873.

2　SG2, II, 883–885.

不便是拥有回想这种种记忆的能力，伟大的挪威哲学家根据柏格森先生的理论这样说……然而，什么才算是一个回想不起来的回忆?"普鲁斯特提出了这个问题：我们怎样获取作为其自身的过去? 正是针对这个问题，非意愿记忆提供了它的答案。

非意愿记忆看起来首先是建基于两个感觉、两个时刻之间的相似性之上。然而，从更深层次上来说，此种相似性把我们指向某种严格的同一性：两个感觉所共有的某种性质的同一性，或两个时刻（当下的和过去的）所共有的某种感觉的同一性。味道就是这样：我们会说它包含着一段绵延，后者使得它同时向两个时刻延伸。然而，感觉和同一的性质意味着与某种差异的事物之间的关联。玛德莱娜小蛋糕的味道，在其绵延之中，限定和包含了贡布雷。只要我们还停留于有意识的知觉，玛德莱娜小蛋糕与贡布雷之间就只有一种完全外在性的偶然的关联。只要我们还停留于有意识的记忆，贡布雷对于玛德莱娜小蛋糕来说就仍然是外在的，作为过去的感觉的那种可分离的背景。然而，非意愿的记忆的本质就在于此：它内化了此种背景，它使得过去的背景与当下的感觉不可分离。在两个时刻之间的相似性被超越并趋向于一种更深层次的同一性的同时，属于过去时刻的偶然性也被超越并趋向于一种更深层次的差异。贡布雷在现实的感觉中重现，它与过去感觉之间的差异被内化于当下的感觉中。因此，当下的感觉不再能脱离这种与不同的对象之间的关联。非意愿记忆中的本质不是相似性，更不是同一性，它们仅仅是些条件。本质，就是内化了的差异，成为内在性（immanent）的差异。正是在这个意义上，朦胧记忆类似于艺术，而非意愿记忆类似于一种隐喻：它攫取了"两个差异的对象"——玛德莱娜小蛋糕和它的味道，贡布雷和它的颜色及温度的性质；它把一个包含于另一个之中，并使得二者之间的关联变为内在的。

味道，两个感觉所共有的性质，两个时刻所共有的感觉，在这里仅仅是为了唤起另一个事物：贡布雷。然而，在此种呼唤之下，贡布雷却是以一种全新的形式重现。贡布雷并未以它曾经存在的样态出现。贡布雷作为过去而呈现，但此种过去不再与它所曾是的当下相关，也不再与那个它与之相关才得以成为过去的当下产生关联。它不再是感知到的贡布雷，也不再是意愿性记忆中的贡布雷。贡布雷以那种无法被体验的方式呈现：不是在现实中，而是在其真理中；不是在其外在性的和偶然性的关联中，而是在其内化的差异中，在其本质中。贡布雷在一个纯粹的过去中出现，和两个当下并存，然而却摆脱了它们的束缚、避免了现实的有意识的记忆和过去的有意识的感知所造成的损害。"些许纯粹的时间。"[1] 这就

1　TR2, III, 872.

是说：不是一种当下和过去之间的简单相似，不是一种现实的当下和一种曾经当下的过去之间的相似；更不是一种两个时刻之间的同一性；而是超越于一切作为过去的存在自身，比所有曾在的过去和当下都更深刻。"些许纯粹的时间"，这就是说，时间的局部化了的本质。

"真实却非现实，理想却非抽象。"这种理想的真实，这种虚拟的存在，就是本质。本质实现于和体现于非意愿回忆中。在这里，正如在艺术中，包含和蕴藏仍然是本质的高级状态。而且，非意愿回忆保留了本质的双重力量：过去时刻中的差异，以及在当下现实中的重复。然而，本质在非意愿回忆中所得以实现的等级要比其在艺术中所得以实现的等级更低，它体现于一种更晦涩的媒介中。首先，本质不再是某种从单一视角揭示的最终质地，不再像艺术的本质那样具有个体性甚至个体化特质。尽管它仍然是具体的，但更像是定位的原则，而非个体化的原则。它作为局部的本质出现：贡布雷、巴尔贝克、威尼斯……它之所以是特殊的，还因为它揭示了一个场所和一个时刻的差异性的真理。然而，从另一个观点看来，它已经是普遍性的了，因为它呈现于一个两个场所和两个时刻所共有的感觉中。同样，在艺术中，本质的性质被表现为两个对象所共有的性质；然而，艺术性的本质并未因此就失去了其独特性，也并未丧失自身的任何东西，因为两个对象及其关联完全是被本质的视点所决定，不存在任何偶然性的余地。然而，在非意愿回忆中，情况却不再是如此：本质开始呈现出一种最低限度的普遍性。这就是为何普鲁斯特说，感觉符号已经指向一种"普遍性的本质"，正如爱的符号或世俗的符号[1]。

　　从时间的角度看，还存在第二个差异。艺术性的本质向我们呈现了一种原始的时间，它超越于其种种序列和维度之上。这是一种在本质自身中的"复杂"的时间，等同于永恒。同样，当我们谈到一种艺术作品中的"重现的时间"时，所涉及的正是这种原初的时间，它和展开的、展现的时间相对立，也即，和那种不断流逝的连续的时间、那种一般说来不断被消耗的时间相对立。相反，体现于非意愿回忆中的本质不再能向我们呈现此种原始的时间。它使我们重新发现的，是消逝的时间自身。然而，它以完全不同的方式让我们找回：它骤然出现在已经展开和延续的时间中。在此种流逝的时间中，它重新发现了一种包含的中心，然而，这却无非只是原始时间的形象而已。这就是为何非意愿记忆的呈现是异常短暂的，并且对于我们来说，它无法在毫无损失的情况下自我延续："来自某种不确定性的眩晕，类似于有时行将入睡前出现难以言喻的幻觉时所

1　TR2, III, 918.

体验到的那种眩晕"[1]。朦胧的回忆向我们呈现了纯粹的过去，过去的存在自身。无疑，这种存在自身超越了时间的所有的经验维度。然而，即使是在其含混性之中，它也是这样的原则，由这个原则出发，这些维度才能在消逝的时间中得以展开，并且，只有在这个原则中，我们才能重新发现这种消逝的时间自身，同样，它还是这样的中心，人们可以再度环绕于其四周以便拥有一个永恒的形象。这种纯粹的过去是这样的时刻，它不能被还原为任何流逝的当下，但它却使得所有的当下得以流逝并掌控着它们的流逝：在这个意义上，它还意味着持存和虚无之间的对立。不可言喻的幻象正是由这种矛盾的混合构成的。非意愿记忆给予我们以永恒，然而却是以这样的方式，以至于我们没有力量来维持它超过一个瞬间，也没有办法发现它的本质。它所给予我们的，因而就毋宁说是永恒的瞬间性的形象。而从本质自身的角度来看，非意愿记忆中的那些自我（Moi）也要低于艺术中的自我（Moi）。

最后，本质在不自觉记忆中的实现无法脱离外部的偶然性制约。尽管根据非意愿记忆的力量，某物在其本质或真理中呈现——这显然并不依赖于环境。然而，具体显现为"某物"，或是贡布雷、巴尔贝克、威尼斯；或是这个本质（而不是另一个），它被选择，因而它发现了体现它的那个时

1　TR2, III, 875.

刻——这就利用了环境和那些多样的偶然性。一方面，很明显，如果在曾经被品尝过的玛德莱娜小蛋糕和曾是当下的贡布雷之间不是已经存在着一种现实的相邻性的话，那么，贡布雷的本质就无法体现于重新发现的玛德莱娜小蛋糕的味道中。另一方面，玛德莱娜小蛋糕的味道和贡布雷的特性还具有明确区分的物质，它们抵抗着一个对于另一个的包含和渗透。

因此，我们必须强调两点：虽然本质体现于非意愿回忆之中，但它是以更加物质化、缺乏精神性的媒介为基础的。并且，和艺术中所发生的相反，对此种本质的选择依赖于那些外在于本质自身的材料，并最终指向体验的状态以及仍然是主观性的和偶然性的联想机制。（不同的相邻关系会导致或选择出不同的本质。）在非意愿记忆中，物理学重视物质的抵抗性；而心理学则重视主观联想的不可还原性。这就是为什么记忆的符号始终让我们陷入一种客观主义解释的牢笼中，以及，尤其还有一种完全主观性解释的诱惑。这就是为何朦胧记忆最终是低级的隐喻：记忆不是把两个差异的对象整合在一起（完全依据一种本质的需求将其具象化于一个柔顺或透明的介质中），而是把两个仍然依赖于某种不透明物质的感觉（它们之间的关联依赖于一种联想）整合在一起。由此，本质本身不再主宰其具象化或选择的过程，而是根据与自身无关的外部因素被选择出来：也正是因此，它才获取了那种最低程度的普遍性，我们很快就将谈到这一点。

也即是说，记忆的感觉符号从属于生活，而非艺术。非意愿记忆占据了一个核心的位置，却并非最高点。作为非意愿的存在，它与有意识的感知和意愿记忆的态度相悖。它使我们对符号敏感，并在特定的特殊时刻为我们揭示某些符号的意义。与世俗符号和爱情符号相比，它所对应的感官符号更高级。然而，它低于其他的同样是感性的符号，比如欲望的符号，想象的或梦的符号。这些符号已经拥有更具精神性的物质，并指向更深层次的、不再依赖于经验的相邻性关系。更重要的是，非意愿记忆的感觉符号要低于艺术的符号；它们丧失了符号和本质之间的完美的同一性。它们仅仅表象着生活的此种努力：让我们为艺术做好准备，为艺术的最终启示做好准备。

我们不会在艺术中发现一种更深刻的探索非意愿记忆的方法。我们将在非意愿记忆中发现一个阶段，而这个阶段在艺术的学习中甚至不是最重要的。确实，此种记忆使我们踏上通往本质之途。而且，朦胧的记忆已经拥有了本质，并懂得如何捕获它。然而，它是在一种怠惰的状态中、一种次要的状态中向我们呈现本质的，而此种呈现是如此的模糊，以至于我们无法理解这种被赋予我们的馈赠，无法理解我们所体验到的快乐。学习，就是重新记起；然而，重新记起不是别的，也正是学习，即拥有一种预感。如果在学习的连续阶段的推动之下，我们无法达到艺术的最终启示，我们也就仍无法理解本质，甚至无法理解本质早已存在于不自觉记忆或符号感官的喜悦中（我们将永远被迫"推迟"对原因的探讨）。所有的阶段都应该通向艺术，我们必须最终达到艺术的启示：于是我们再度下降等级，并把它们整合于艺术作品自身中，我们在其连续的实现中辨认出本质，并给予每个实现的等级以位置和意义，后者在艺术作品中归属于它。因此，我们发现了非意愿记忆的功能，以及此种功能的原因，这种功能是重要的，但在本质的实现过程中却是次要的。非意愿记忆的悖论在一种更高的层次中获得解释，后者超越记忆，并激发了朦胧的回忆，并仅仅把其部分的秘密传达给它们。

第六章
序列与群体

　　本质的体现延续到爱的符号，甚至延续到社交符号当中。在这里，本质依然保有其差异性和重复性的双重力量。本质自身不能被还原为承载着符号的对象，同样，也不能被还原为体验到符号的主体。我们的爱不能通过那些我们所爱的人而获得解释，同样，也不能被我们陷入爱河时的那些转瞬即逝的状态所解释。然而，这里，人们怎样把本质的在场与爱的符号的谎言的特性、与社交符号的空洞的本性协调起来呢？这是因为本质被引向一种越来越普遍的形式，一种越来越大的普遍性。在最大限度下，它趋向于与一种"法则"结合在一起（正是涉及爱和上流社会的社交界的时候，普鲁斯特喜欢表露其对普遍性的偏爱、对法则的激情）。因此，本质可以体现于爱的符号中，恰恰是作为谎言的普遍法则；它可以体现于社交界的符号之中，作为空洞的普遍法则。

一种原始的差异支配着我们的爱情。也许，这是母亲（Mère）的形象——或者，对一位女子、对凡德伊小姐来说，是父亲的形象。从更深层次上说，这是一个超越我们经验的遥远形象，一种超越我们之上的主题（Thème），某种原型。形象、观念或本质是非常丰富的，以至于能够在那些我们所爱的人身上，甚至是在某个被爱的人身上被多样化；但与此同时，它也以多样化的方式重复着，在我们每一段爱情中，在每段爱情的各个层面都得以体现。阿尔贝蒂娜是同一个，但又是另一个，相较于主人公的其他爱情，或者相较于她自己。有如此众多的阿尔贝蒂娜，以至于应该给每一个以明确区分的名字；然而，这就像是体现于不同侧面之中的同一个主题，在多样的外表下保有同一种性质。在每次爱情之中，回忆和发现都紧密地相互结合在一起。回忆和想象相互替换和修正；一方迈进一步，另一方便随之推进一步。[1]更何况，在我们的每一段爱情中：每段爱情都带来自己的差异，然而，此种差异已经被包含于前一个爱人之中，并且，

---

1 JF3, I, 917–918.

所有的差异都被包含于一个原初的形象之中，我们在不同层次中不断地再现着这个形象，并把它作为我们所有爱情的理性法则来进行重复。"这样，我对于阿尔贝蒂娜的爱，以及它如何与我对吉尔伯特的爱有所不同，这已经在我对希尔贝特的爱情中预示了……"[1]

在爱的符号中，本质的两种力量不再相互结合。形象或主题包含着我们的爱情的独特性质。然而，我们越多越好地重复这个形象，它就越躲避着我们，并保持为无意识的。远未表现出观念的直接力量，重复在这里体现出一种意识和观念之间的间隔及不一致性。经验对于我们是无用的，因为我们否认是在重复，并始终相信某种新的事物；然而，这同样是因为我们忽视了那种差异，它使得我们的爱情能够被理解，并把它们与一种作为其活力源泉的法则联系在一起。爱情中的无意识，就是本质的两个方面——差异与重复——的相互分离。

爱的重复是一种序列性的重复。主人公对于希尔贝特、盖尔芒特夫人、阿尔贝蒂娜的爱，形成了一个序列，其中的每项都带有其微小的差异。"我们如此深爱的女人最多也只是为这次恋情添加一种特殊的形式，使我们即使在不忠之中仍然忠实于她。对于后来的女人我们也需要做同样的晨间漫

---

1 TR2, III, 904.

步，或同样的夜晚陪送，或给她出百倍的金钱"[1]。然而，同样，在序列的两项之间，还存在着一种使得重复更为复杂的对比性的关联："啊！我原以为我对希尔贝特的爱情可以帮助我预见我对阿尔贝蒂娜的爱情的命运，然而，后者的发展和前者相比形成了如此的反差"[2]。尤其是，当我们从一个被爱的人转向另一个时，就须计算在被爱的人身上所累积起来的某种差异，就像根据序列的演进来进行计算，"随着我们进入新的地域、新的生活氛围中时，变化的痕迹突显出来"[3]。正是序列，通过其微小的差异和对比性的联系，只有在向其法则的汇聚之中才能发展，而爱恋者自身也就越来越接近某种对于原初主题的理解。这种理解，他只有在不再去爱的时候才能充分达到，也就是，当他不再有爱的欲望、时间和适当的年纪的时候。正是在这个意义上，爱的序列是一种学习的过程：在起初的阶段，爱总是与其对象联系在一起的，因而，最重要的就是坦白；接着，我们就懂得了爱的主观性，也意识到不坦白的必要性，以便能够保存未来的爱情。然而，由于序列接近其自身的法则，而我们的爱的能力接近于其自身的目的，我们就预感到了原初的主题或观念的存在，这不

1　TR2, III, 908.

2　AD, III, 447.

3　JF3, I, 894.

仅超越了我们的主观状态，也超越了那些承载它的对象。

不仅仅只有一种连续的爱人们的序列。每段爱情也都借用了一种序列的形式。那些我们在从一个到另一个爱人身上所发现的微小差异和对比性的关联，我们也已经在同一个爱人身上发现了：从一个阿尔贝蒂娜到另一个，因为阿尔贝蒂娜拥有多样的灵魂和面容。准确说来，这些面容和灵魂并不处于同一个平面之上；它们形成序列。（根据对比的法则，"主导一切的变化……至少有两个。当我们回忆起精神抖擞的目光、大胆的表情时，到了下一次，不可避免地会是无精打采的身影、若有所思的神气，而这些正是我们在上次回忆之中所忽视的地方。到了下一次相遇之时，我们又一定会感到惊异，也即，几乎只对这些留下深刻印象了"[1]。）而且，每次爱情都对应着某种主观的变化痕迹；它标志着爱情的开始、发展和结束。在所有这些意义中，对阿尔贝蒂娜的爱通过其自身而形成了一个序列，我们从中区分出两个不同的嫉妒的阶段。最终，对阿尔贝蒂娜的忘却只有伴随着主人公再度下降到那些标志着恋情开端的等级中时才得以发展，"我现在尤其感觉到，在彻底忘记她之前、在达到原初的冷漠之前，我应该在相反的意义上重新经历那些在达到我的强烈的爱之前所体验过的一切情感，正如一位旅人经历了同样的路

1　JF3, III, 917–918.

线而回归出发点一样"[1]。这样，三个阶段标志了忘却，作为一个被颠倒的序列：回到共同拥有的状态、回到一群少女之中，它类似阿尔贝蒂娜从中脱颖而出的那群女子；对阿尔贝蒂娜的好感的呈现，它以某种方式通向主人公的那些最初的直觉，然而却是在一个他不再对真相感兴趣的时刻；最后，这个观念：阿尔贝蒂娜仍然活着，然而，与他所体验到的痛苦相比（当他得知她的死讯并仍然爱着她时），这个观念所带给他的快乐却是如此的贫乏。

不单单是每次爱情都形成一个独特的序列。而且，从另一点上看，爱情的序列超越了我们的经验，并与另外的经验联结在一起，向一种超主观性的真实（une réalité transsubjective）开放。斯万对奥黛特的爱已经构成了另一个序列，这个序列延续到主人公对希尔贝特、盖尔芒特夫人，以及阿尔贝蒂娜的爱所力求实现的一部分之中。斯万在这里扮演了一个引路人的角色，他的命运虽未能为自己实现，但却影响了主人公："总之，反思起来，我所经验的材料是来自斯万的，这并不仅仅是通过有关他本人和希尔贝特的一切，而且，正是他从贡布雷时代起就给了我前往巴尔贝克的欲望……没有斯万，我也就不会结识盖尔芒特

1　AD, III, 558.

家族……"[1]斯万在这里仅仅是一个机缘，然而，没有此种机缘，这个序列就会是另一种样子。而且，从某些方面看来，斯万要丰富得多。正是他从一开始就掌握着序列的法则或发展的秘密，并事实上向主人公透露了一种"预言性的忠告"：被爱之人犹如囚徒（Prisonnier）[2]。

我们完全可以将爱情序列的起源追溯到主人公对母亲的爱；但在这里，我们再次遇见了斯万，他到贡布雷来吃晚餐，并从孩子那里夺走了母爱。主人公的忧愁、他对母亲的焦虑，都已经是斯万自己所体验过的对奥黛特的忧愁和焦虑："自己所爱的人在自己不在场或不能去的地方享受快乐，对他来说，是一件烦恼苦闷的事，是爱情教他尝到的滋味。那样的烦恼苦闷，从某种意义上来说，本来就注定属于爱情，而且一旦落入爱情之手它就变得具有专门的含义；但是它钻进像我这样生活中还没有出现过爱情的人的心里，它实际上是对爱情的期待；它漫无目的、自由自在地游动着……"[3]人们会由此推论说，母亲的形象也许不是最深刻的主题，也不是爱的序列的原因：确实，我们的爱情重复着对于母亲的情感，然而，此种情感已经在重复着另外一些我

1　TR2, III, 915–916.

2　JF1, I, 563.

3　CS1, I, 30.

们自身还尚未体验到的爱情了。毋宁说，母亲是作为从一种经验向另一种经验的转化，是作为我们的经验得以开始的方式，但却已经和那些由他者所形成的经验纠缠在一起。从最大限度上来说，爱的经验就是全人类的经验，贯穿了超越个体的遗传性洪流。

　　这样，我们的爱情的个体性的序列，一方面指向了一个更大的、超-个体的序列；另一方面，则指向了由每段具体爱情构成的更小序列。这些序列之间相互蕴涵，而变化的痕迹和演进的法则也是相互包含的。当我们追问爱的符号应该怎样被解释时，我们是在寻找这样一种机制，根据它，序列得以被解释，而痕迹和法则得以被展开。不过，无论记忆和想象多么重要，这些能力只作用于每段具体爱情的层面，而它们并非用来解读符号，而是捕捉并收集符号，为感知能力提供支持。爱情从一个对象转向另一个对象，其规律并不在记忆，而在遗忘；也不在想象，而在感知。实际上，只有理性具有能够解读符号并解释爱情序列的能力。这也是为什么普鲁斯特坚持以下观点：在某些领域，依靠感知的理性比记忆和想象更深刻、更丰富。[1]

　　爱情的真理并不属于那种思想者能够通过某种方法或自由反思的努力而发现的抽象真理。应该是，理智必须受到强

1　TR2, III, 900-902.

迫，必须承受一种让它别无选择的约束。这种约束源于感性，源于每段爱情中自身的符号。这是因为爱情的符号总是伴随着痛苦，因为它们总隐含着被爱者的谎言，就像一种基本的模棱两可，正是我们的嫉妒利用了这种模棱两可并从中汲取力量。于是，我们感性上的痛苦迫使智性去探寻符号的意义以及符号所体现的本质。"一个生来具有感性的但却缺乏想象力的人同样能写出令人赞叹的小说。别人给他造成的痛苦、他为防止这种痛苦所做出的努力、他和参与的第二个人所制造的冲突，这一切通过理智的阐释完全能成为一部作品的素材……不会比它如是想象杜撰来得更为逊色。"[1]

通过理智所进行的解释的本质特征是什么呢？它旨在发现作为爱情序列法则的本质。这就是说，在爱的领域之中，本质不能和某种类型的普遍性相分离：序列的普遍性，准确地说是序列性的普遍性。每种痛苦都是特殊的，它是作为在某次爱情中被体验到的，由某个被爱的人所产生的痛苦。然而，由于这些痛苦被重现和蕴涵，理智从中获得了某种普遍性的事物，后者同样也是一种快乐。艺术作品"是幸福的符号，因为它让我们明白，在任何一次爱情之中，普遍都存在于特殊的旁边，并且，通过忽略忧伤的起因，为深化其本质而加强对忧伤的抵抗力的锻炼，完成从特殊到一般的过

1　TR2, III, 900–902.

渡"[1]。我们所重复的，每次都是一种特殊的痛苦；然而，重复本身总是快乐的，重复这一行为本身就构成了一种普遍性的快乐。或者说，事实总是特殊而悲惨的；然而，我们从中获得的观念却是普遍而快乐的。因为，爱的重复点是伴随着某种递进的法则，而正是通过此种递进，我们才得以接近一种觉悟，它把我们的痛苦转化为快乐。我们意识到，我们的痛苦不依赖于对象。这些不过是我们对自己耍弄"诡计"或开"玩笑"，或更确切地说，是理念的某种游戏或本质的快乐。重复的事物中存在悲剧性，而重复本身中则有喜剧性，更深层次上则是对重复的理解所带来的喜悦。我们从具体的悲伤中提取出一般性的理念；这是因为理念从一开始就已经存在，如同序列的法则已经蕴含在其首个要素中。理念的幽默之处在于，它通过忧伤显现自己，以悲伤的形式出现。这样，终结已经存在于开端之中："观念是忧伤的替代物……它们仅仅是时间范畴之内的替代物，因为，第一要素似乎应该是观念，而忧伤只是某些观念首先进入我们心灵所采取的方式"[2]。

这就是理智的运作：在感性的约束下，它把我们的痛苦转化为快乐，并同时把特殊转化为普遍。只有理智才能发现

1　TR2, III, 904.

2　TR2, III, 906.

普遍性,并发现它是令人快乐的。它最终发现了那从一开始就存在,但却必然是无意识的事物。那些被爱者不是以自主的方式行动的原因,而是一个在我们中的前后接续的序列,是一种内在景象的栩栩如生的画面,是对一种本质的反映。"每个曾使我们痛苦的人都有可能被我们奉若神明,而他们其实只是神性的部分反映,最高阶段、神性(作为理念),静观之就能即刻赐予我们欢乐,而不是我们承受过的痛苦。生活的全部艺术就在于把造成我们痛苦的人只当成能让我们进入他们的神明外形的台阶,从而愉快地使我们的生活充满各种神性"[1]。

本质体现于爱的符号中,然而,却必然是以一种序列性的,因而是普遍性的形式。本质总是差异。然而,在爱情中,差异发生于无意识中:可以说,它变成一般的或特殊的,并规定了一种重复,此种重复的界限只能通过无限小的差异和微小的反差才能得以区分。简言之,本质获得了一个主题或观念的普遍性,它作为我们的爱情序列的法则存在。这就是为何本质的体现,以及对体现于爱的符号中的本质所进行的选择,都要比在感觉符号中更为依赖于偶然的、外在的主观条件。斯万是重要的无意识的创始者,是序列的出发点;然而,怎能不对那些被牺牲的主题、被消除的本质感到

---

1   TR2, III, 899.

惋惜，并把它们当作莱布尼兹式的可能性，即只有处于另外的环境中和另外的条件下，它们才能存在、并取代其他的序列？[1] 正是观念决定了我们的主观状态的序列，但也正是我们的主观关联的偶然性决定了对于观念的选择。这就是为什么一种主观性阐释的动机在爱中要比在感觉中更强：所有的爱都与那些完全是主观性的观念和印象的联想相关联；而且，一种爱的终结也与"一部分"联想的消亡混同起来，就像在一种脑充血的情形中，一根衰竭的动脉发生破裂。[2]

没有什么比对被爱者的选择的偶然性更能体现选择的外在性。不仅我们会有未能实现的爱情，而我们明知只差一点点它们就可能成功（如斯特马里亚小姐）；甚至那些得以实现的爱情，以及它们彼此串联所形成的序列——即它们体现某种本质而非另一种本质的方式——也取决于机缘、环境和外在因素。

下面就是最明显的例证之一：被爱者首先从属于一个群体，而她还尚未在其中个体化。在这个同质性的群体之中，谁将是那个被爱的女子呢？而阿尔贝蒂娜又是通过何种偶然性而体现了本质，既然另一个人也同样有可能体现它？或者，主人公甚至有可能会感受到体现于另一个少女身上的

1　TR2, III, 916.

2　AD, III, 592.

92

另一种本质，它至少有可能已经改变了其爱情序列的方向？"即使现在，那位的景象仍然给了我一种快乐，这种快乐的成分我无法确切说出，这既包括看到其他人随后跟随她，即使她们那天没有来，也包括谈论她们，以及知道她们会被告知我去过海滩。"[1] 在少女们的群体之中，存在一种混合体、一种本质的混杂，这些本质或许彼此相近，而主人公几乎同样对其开放："对于我来说，每个人都包含着属于他人的本质的某种事物，正如第一天那样。"[2]

　　阿尔贝蒂娜因此进入爱的序列之中，但这是因为她从一个群体中被分离出来，并带有着与此种分离相对应的全部偶然性。主人公在群体中所体验到的快感是一种感官的愉悦。然而，这些愉悦并不属于爱情。为了成为爱情序列的一个环节，阿尔贝蒂娜必须从那个她最初出现于其中的群体中被分离出来。她必须被选择：这种选择的做出并非不带有不确定性和偶然性。反过来说，对阿尔贝蒂娜的爱终结于一种对群体的回归：或者是回到那个原先的少女的群体，正如安德烈在阿尔贝蒂娜死后对其所进行的象征化（"那时我喜欢和 [安德烈] 发生半肉体关系，因为我对这群少女的爱情开始曾带有集体性，这时又恢复了这种特性，在很长时间里她们

1　JF3, I, 944.

2　SG2, II, 1113.

一直共享我的爱")[1]。或者是回到一个类似的群体，它是当阿尔贝蒂娜去世时在街上所遇到的群体，它再现了一种爱的形成、一种对被爱者的选择，虽然是在相反的意义上。[2] 一方面，群体和序列之间是相互对立的；但另一方面，它们却密不可分并且相辅相成。

体现于爱的符号中的本质相继呈现为两个方面。首先，它呈现为谎言的普遍法则的形式。因为只有面对爱我们的人，我们才需要撒谎，才会被迫撒谎。如果说谎言服从某些法则，那是因为谎言在撒谎者自身中引发了一种紧张感，这种紧张感如同真相与用以掩盖它的否认或虚构之间的一种物理关系系统：由此形成了一种接触、吸引和排斥的法则，它们形成了一种谎言的真正"物理学"。事实上，真相始终存在于撒谎者中；他对真相有一种持久的认识，不会忘记它，而即兴编造的谎言却会很快被忘记。被隐藏的事物以此种方式作用于他，以至于他能从它的背景中获得些许真的事实，后者的目的是为了确保谎言的总体。然而，恰恰是这些许的事实背叛了谎言，因为，它的视角和其余的视角不能相互协调，由此便揭示出另一个起源，一种对另一个系统的从属

1　AD, III, 596.

2　AD, III, 561–562.

性。或者，隐藏的事实以某种距离吸引着撒谎者，使其不断接近。说谎者画出了一条渐近线，以为通过不断缩减的暗示就可以使秘密显得无足轻重：因此，夏吕斯说，"我已经在其所有的形式中追寻过美"。或者，我们创造了大量似真的细节，因为我们相信，似真性本身就是一种对真理的接近；然而，就像在一首诗里有太多的音节，似真性的过剩就背叛了我们的谎言，并揭示了虚假的在场。

隐藏的事实不仅存在于撒谎者中，"因为在所有的藏匿之中最危险的，就是在有罪者的身上藏匿过错"[1]。而且，隐藏的事实不断累积，像一颗滚雪球般越滚越大，最终背叛了撒谎者：实际上，他对于这个过程是无意识的，他在承认的事物和否定的事物之间维持着同一种间距。随着他否认的内容不断增加，他承认的部分也就越来越多。在说谎者那里，完美的谎言预设了一种朝向未来的奇妙记忆，它能够留住未来的痕迹，正如真理。尤其是，谎言需要成为"总体性的"。然而，这些条件在现实中并不存在；同样，谎言构成了符号的一部分。它们正是真理的符号，而这些真理是谎言试图隐藏的："难以辨认的和神圣的痕迹"[2]。不能辨认，但却并非不可解读或无法诠释。

1　SG1, II, 715.

2　CS2, I, 279.

被爱的女子隐藏着一个秘密，即使它已经为所有其他人所知晓。而求爱者则隐藏着被爱者自身：如强硬的狱卒一般。求爱者必须对所爱之人保持冷酷、残忍和狡诈。事实上，求爱者并不比被爱者更少说谎：他囚禁她，同时也避免向她坦白自己的爱意，以便成为更好的警察、更好的狱卒。然而，对于这个女子来说最关键的，是隐藏那些她在其自身中所蕴藏着的世界的起源，隐藏那些她向我们呈现的姿态、习惯和品位的出发点。被爱的女子朝向一个戈摩尔的秘密，就像朝向一个错误的起源："阿尔贝蒂娜的丑陋"[1]。然而，求爱者自身拥有一个相应的秘密，一个相似的丑陋。无论是否被意识到，这就是索多姆的秘密。因而，爱的真理总是双重的，而爱情的序列看似简单，实则分裂为两个更深层次的序列，分别由凡德伊小姐和夏吕斯所体现。《追忆似水年华》的主人公因此就拥有了两种震撼人心的启示，当他在相似的情形中先后于无意中与凡德伊小姐和夏吕斯邂逅。[2]这两个同性恋的序列又意味着什么呢？

普鲁斯特在《索多姆和戈摩尔》的段落之中，通过不断重现一个植物的隐喻来试图说明这一点。爱的真理，首先就是性别之间的隔离。我们生活于参孙的预言之中："两

1　AD, III, 610.

2　SG1, II, 608.

性必将各自消亡。"[1]然而，一切都被复杂化了，因为相互分离、分隔的两种性别在同一个人身上共存："初始的雌雄同体"，正如一株植物或一只蜗牛，它们不能通过自身而受精，而"只能通过其他的雌雄同体来受精"[2]。于是，此种居间者或许不是确保着男性和女性之间的沟通，而是使每一种性别与自身结合。这象征着一种自体受精，而这种受精因其同性恋性质、无果性以及间接性而更显动人。这不仅是一场冒险，而是爱情的本质。原初的同性体不断产生着相互分离的两种同性恋的序列。它分离了两性，而不是把它们整合在一起。以至于男性和女性仅仅在表象上才相互交错。对于所有的求爱者、所有的被爱的女子来说都是这样，应该肯定那些只在某些特殊情形中才变得明显的情况：求爱者"为爱女色的女人扮演了另一个女人的角色，而与此同时，女人也差不多给他们提供了他们从男人身上获得的乐趣"[3]。

在爱情中，本质首先体现于谎言的法则中，其次体现于同性恋的秘密中：谎言并不具有那种（使它变为本质性的和有意义）的普遍性，如果它不是与此种普遍性相互关联并把后者当作它所隐藏的真理。所有的谎言都围绕着它而形

1　SG1, II, 608.

2　SG1, II, 629.

3　SG1, II, 622.

成，就像围绕着它们的核心。同性恋是爱的真理。这就是为何爱的序列事实上是双重的：它形成两个序列，它们不仅仅在母亲和父亲的形象之中，而且还在一种更深层次的种系发生（phylogénétique）的连续性中发现自己的来源。原初的雌雄同体是分离序列的连续性法则；从一个序列到另一个序列，我们不断看到爱情激发了符号，这些符号既属于索多姆，也属于戈摩尔。

普遍性意味着两件事：或是一个序列（或许多序列）的法则，其环节是不同的；或是一个群体的特征，其要素是彼此相似的。无疑，群体介入爱情之中。求爱者从一个先在的群体中发现那个被爱者，并对那些首先是群体性的符号进行解释。更好的是，戈摩尔城的女人或索多姆城的男人发出一种"星座的符号"，他们根据这些符号彼此识别，并组成了被社会排斥的联盟，它们再现着《圣经》中的两个城市。[1]不过，群体在爱情之中仍然不是本质性的：它仅仅给出了机缘。爱情真正的普遍性是无结果的，我们的爱情只有根据它们所形成的序列才能被深刻地体验。这一点在社交界中则完全不同。本质仍然体现于社交符号中，然而，却是在普遍性和偶然性的一个最低层次中。它们直接体现于社会中，它们

<hr />

1　SG1, II, 852.

的普遍性无非只是一种群体的普遍性：本质的最低层次。

无疑，"社交界"表现了社会的、历史的和政治的力量。然而，社交符号是在空间中发出的。正是由此，它们跨越了天文距离，使得观察社交界不像显微镜下的研究，而更像是望远镜的探索。普鲁斯特经常说，在本质的某种层次之上，令他感兴趣的，不再是个体性，也并非细节，而是法则，是宏大的间距和广泛的普遍性。望远镜，而不是显微镜。[1]这一法则已然适用于爱情，对于世俗世界则更甚。空间正是一种承载普遍性的介质，一种为了体现法则而被突出的物理性的介质。一种空洞的面容要比一种更致密的物质更好地体现了统计学法则："那些最愚钝的人，通过他们无意间表露出来的姿态、话语和情感，体现出了那些他们所没有感知到的法则，但是艺术家却无意中在他们身上发现了这些法则"[2]。无疑，有时，一个独特的天才、一个主导性的精神执掌着天体的运行：这就是夏吕斯。然而，正如天文学家不再相信主导性的精神，上流社会也不再相信夏吕斯。支配着世界变迁的法则是机械性的法则，在其中遗忘占据统治地位。（在那些著名的篇章中，根据从德雷福斯事件到"一战"期间的上流社会的演变过程，普鲁斯特分析了社会性遗忘的力量。这

1　TR2, III, 1041.

2　TR2, III, 901.

些篇章可以被视为列宁那句名言的最佳注解：社会善于用"更新鲜，甚至更加恶劣或愚蠢的新偏见"取代"腐朽的旧偏见"。）

空洞，愚蠢，遗忘：这就是社交界群体的三位一体。然而，社交界也从中获得了一种符号传布的速度和多变性、一种形式主义的完善性和一种意义的普遍性：所有那些从中形成一种学习的必要介质的事物。由于本质越来越卑怯地获得体现，符号就获得了一种喜剧性的力量。它们在我们身上激起了一种越来越外在的神经系统的兴奋；它激发了理智，为了能够被解释。因为，没有什么比那些在一个愚人的脑袋里面所发生的事情更能激起思索。那些在一个群体中像鹦鹉一样的人，也同样是"预言性的鸟儿"：它们的饶舌揭示了一种法则的在场。[1]而且，如果说群体给予解释以一种更丰富的素材，那是因为它们具有潜在的相似性，一种准确说来是无意识的内容。真正的家族、真正的环境和真正的群体是"智性"的环境和群体。这就是说：人们总是从属于这样一个社会，从中产生出那些人们所相信的观念和价值。当丹纳或圣勃夫提出单纯物理的、实在的环境的直接影响的时候，他们就犯了严重的错误。实际上，解释者必须对群

1　CG2, II, 236.

体进行重构，并从中发现那些他们与之相关的精神的家族。公爵夫人、或盖尔芒特夫人会像小资产阶级那样说话：社交界的法则，或更普遍地说是语言的法则，即"人们总是像他所从属的精神阶层，而非他们所出身的社会阶层那样表达自己"[1]。

---

1 TR2, III, 900.

第七章

符号系统中的多元化

　　《追忆似水年华》呈现为一个符号系统。然而，这个系统是多元性的。这不仅仅是因为符号的分类采用了多样化的标准，还因为我们必须把确立这些标准的两种不同的观点结合起来。一方面，我们必须从一种学习的进程的观点来思索符号。每种符号的力量和效应是什么？也就是说：它在多大程度上帮助我们为最终的启示做好准备？它通过何种方式、在何种时刻让我们理解其本身，依据哪些法则逐步发展？这些法则在不同类型符号之间又是如何相互联系的？另一方面，我们应该从最终启示的视点来思索符号。这种启示是和艺术融合在一起的，它是符号的最高形式。然而，在艺术作品中，所有其他种类的符号都被重新把握，并通过与它们在学习进程中所具有的效力相关联而确立了一个位置，于是，它们甚至还发现了一种对其所表现的特征的最终解释——对于这些特征，我们已经体验到了，但却不能充分地理解。

基于这些视点，可以说，系统采用了七种标准。前五种只需简要地加以重述；而最后两种则具有必须被进一步展开的结论。

1. 符号雕刻的材料。——这些材料的阻力和不透明度不同，或多或少具有物质性，或多或少具有精神性。社交界的符号，为了在空间中发生变化，只能是更具物质性的。爱的符号不能和一种面容的影响、一种肌肤的纹理、一个面颊的饱满红润相分离：所有那些只有在被爱者沉睡时才能被精神化的东西。感觉符号也仍然是物质性的性质：尤其是气味和味道。只有在艺术中，符号才变成非物质性的，同时，它的意义也变为精神性的。

2. 某物作为符号而被传布和理解的方式，然而，同样还有（从中产生的）一种或是主观主义的，或是客观主义的解释的风险。——每种符号的类型都把我们带向传布它的客体，然而，同样也带向对其进行理解和解释的主体。一开始，我们相信必须去观看和聆听；或者在爱情中，应该坦白（向对象制造符号）；或者应该观察和描述感性事物；应该通过努力劳作和思索来把握含义和客观性的价值。失望之后，我们就别无选择，只能把赌注投向主观性联想。然而，对于每种符号的类型，这两个学习的时刻都有一种独特的节律和关联。

3. 符号对于我们的效应，它所产生的情感类型。——社交符号所产生的神经系统的刺激；爱的符号所产生的痛苦和焦虑；感觉符号所产生的异常的快乐（然而，在其中焦虑仍然体现为存在与虚无之间的持续对立）；艺术符号的纯粹快乐。

4. 意义的本质，符号与意义之间的关联。——社交符号是空洞的，它取代了行动和思想，并试图体现出其自身意义的价值。爱的符号是谎言：它们的意义是通过它们所揭示的东西与试图隐藏的东西之间的对立而被把握的。感觉符号是真实的，但它们的意义依然是物质性的，附着在其他事物上，并且仍然处于存在与虚无的对立中。不过，当我们向着艺术超升时，符号和意义之间的关联就变得越来越接近和紧密。艺术是一种非物质性的符号和一种精神性的意义的最终的、完美的总体。

5. 对符号进行表现和解释的最主要的官能，它展现出符号的意义。——对于社交符号，理智是最主要的官能；对于爱的符号，理智仍是最主要的官能，不过却是以另一种方式，即理智的努力不再是被一种它必须使之平息的刺激所激发，而是被那种（它必须使之转化为愉悦）的痛苦的感觉所激发。对于感觉符号，主要的官能或者是非意愿记忆，或者是诞生自欲望的想象。而对于艺术的符号，纯粹的思想则是作为本质的官能。

6. 符号所蕴涵着的时间结构或时间线，以及与之相对应的真理类型。——始终需要通过时间来解释符号，而所有的时间都是某种解释的时间，也即，一种展现过程的时间。在社交符号的情形中，人们失去了其时间，因为这些符号是空洞的，并且，在其展现过程的终点，它们仍然是原封未动的或自我同一的。就像怪物或螺旋形态一样，这些符号在其变形之中重生。尽管如此，在浪费的时间中（le temps qu'on perd）也存在某种真理，作为一种叙述者的成熟过程，叙述者并不始终保持原样。通过爱的符号，我们就进入了逝去的时间（le temps perdu）：这种时间改变着人和物，并使其成为过去。在这里，存在着一种真理，即逝去时间的真理。然而，逝去时间的真理不仅仅是多元的、近似的、含混的；而且，我们只能在它不再令我们感兴趣的时刻才能把握它，也就是当叙述者的自我、那个陷入爱河的"自我"（Moi）

已然消失之时。对希尔贝特是如此，对阿尔贝蒂娜亦是如此：对那些与爱情相关的事物，真理总是姗姗来迟。爱的时间是一种消逝的时间，因为符号只有在与其意义相对应的自我已然消失的范围之内才能得以展现。感觉符号向我们呈现出一种新的时间结构：我们在消逝的时间自身中重新发现的时间（temps qu'on retrouve），永恒的形象。正是感觉符号（和爱的符号相对立）拥有这种力量：或是欲望和想象来激发，或是通过无意识的记忆来重现那个与其意义相对应的"自我"。最后，艺术的符号界定了重现的时间（le temps retrouvé）：绝对的、原初的时间，整合符号和意义的真正的永恒。

人们所失去的时间、逝去的时间、人们重新发现的时间，以及重现的时间，这些就是四种时间线。但值得注意的是，尽管每种符号各自拥有一条特定的时间线，它们在发展过程中也会参与其他时间线，甚至相互重叠。这些符号在时间线上相互干涉并形成多种组合。人们所失去的时间延伸进了除艺术的符号之外所有其他符号中。相反，逝去的时间已经存在于社交符号中，并改变了后者，使其形式上的同一性受到损害。它还隐藏于感觉符号之中，甚至是在感官的快乐中引入了一种虚无的情感。人们重新发现的时间并非与逝去的时间毫不相干：人们是在后者自身之中重新发现前者的。最后，艺术所具有的重现的时间把所有其他时间都包含于自身之中；因为，正是在艺术之中，每种时间线才能发现其真理，并且由真理的角度所规定的它的位置和结果。

就某种视点而言，每种时间线都具有其自身的价值（"所有那些平面，时间通过它们来掌控我的生命，自从我在这次聚会中重新把握了它"）[1]。这些时间结构因此就作为"差异的和相似的序列"[2]。然而，从另一种观点看来，这些序列之间的相似性或独立性并不排除一种等级结构。从一条线到另一条，符号和意义的关系变得更紧密、必然且深刻。每次，在更高级的时间线中，我们对那些在其他时间线中所丧失的东西进行补偿。所发生的一切就好像是：一些时间线破碎于、嵌合于另一些之中。这样，时间自身就是序列性的：现在，时间的每个方面其自身都是绝对的时间序列的一个环节，并指向着一个"自我"，后者拥有一个越来越广阔、越来越被个体化的探索的领域。艺术的原初时间使所有的时间相互交叠，而艺术的绝对自我则包含了所有的自我。

7. 本质。——从社交界的符号到感觉的符号，符号与意义之间的关系变得越来越紧密。由此体现出一种被哲学家称为"上升的辩证运动"。然而，只有在最深的层次中，也

1　TR2, III, 1031.

2　SG1, II, 757.

即在艺术的层次中，本质才得以被揭示：作为此种关系及其变化的原因。于是，从此种最终的启示出发，我们得以重新沿等级上升。我们不是重返生活、爱情与社交界，而是重新沿着时间系列下降，并赋予每种时间线、每种符号以其所对应的真理。当我们最终达到艺术的启示时，我们懂得了，本质已经存在于最低的等级之中。在每种情形中，正是本质决定了符号与意义之间的关联。当本质以更高的必然性与个体性而得以实现之时，这种关联也就变得越来越紧密；相反，当本质获得了一种越来越大的普遍性并在越来越具有偶然性的条件下得以实现之时，这种关联也就变得越来越松散。这样，在艺术中，本质自身对实现它的主体进行个体化，并绝对地确定了表现它的对象。然而，在感觉符号之中，本质开始具有一种最低限度的普遍性，但它的实现要依赖于偶然性的条件与外在的规定性。这在爱的符号与社交界的符号中就更是如此：它的普遍性于是就变成了一种序列的或群体的普遍性；它的选择越来越指向一种外在的、客观的规定性，一种指向联想的主观机制。这就是为何我们在当时不能理解这一点：即本质已经赋予社交符号、爱的符号以及感觉符号以活力。然而，一旦艺术的符号向我们揭示了本质，我们便能够在其他领域中识别出其效应。我们知道如何辨识它那减弱的、弥散的光辉所留下的痕迹。由此，我们就能把属于本质的东西归还给它，并收回所有时间的真理，正如所有种类的符号，以便由此形成艺术作品自身的不可分割的构成部分。

蕴涵与表现，包含与展开：这些就是《追忆似水年华》的基本范畴。起初，意义被蕴涵于符号中；它作为一种事物被蕴藏于另一种事物中。囚徒，被囚禁的灵魂意味着：始终存在着多种多样的嵌合与缠绕。意义出自客体，就像出自关闭的箱子或瓶子。客体拘禁着一个被俘的灵魂，这另一个事物的灵魂极力想要揭开封盖。[1] 普鲁斯特钟爱"凯尔特人的信仰，他们相信，我们的亲人死去之后，灵魂会被囚禁在一些低等物种的躯壳之内；例如一头野兽、一株草木，或一个无生命的事物，将成为他们的灵魂的归宿，我们确实以为他们已死，直到有一天——不少人碰不到这一天——我们碰巧经过某一棵树，而树里恰恰囚禁着他们的灵魂"[2]。然而，另一方面，与蕴涵的隐喻相对应的，是表现的形象。这是因为符号在被解释的同时也被展现与展示。嫉妒的求爱者把封闭于被爱者中的可能世界展现出来。敏于感觉的人把蕴涵于事物中的灵魂解放出来：有点像是人们所见到过的日本纸艺，纸片在水中展开，自我拉伸或自我表现，形成花朵、房屋与人的形状。[3] 意义自身与这种符号的展现过程结合在一

1　CS1, I, 179.

2　CS1, I, 44.

3　CS1, I, 47.

起，正如符号与意义的展现过程结合在一起。因而，本质最终就是支配其他二者的第三项，它掌控着它们的运动：本质使得符号与意义复杂化，使得二者保持于复杂化的状态中，并把一个置于另一个中。在每种情形之中，本质都规定了二者的关联、它们之间的距离与相近的程度，以及它们的总体性的程度。无疑，符号自身不能被还原为客体；然而，它至少是部分地被包含于客体中。无疑，符号自身不能被还原为主体，但它至少部分地依赖于主体、环境与主观联想。超越符号与意义的，正是本质，它作为其他二者及其关联的充足理由。

《追忆似水年华》之中最关键的，不是记忆与时间，而是符号与真理。最关键的不是回忆，而是学习。这是因为，记忆只有作为一个能够解释某些符号的官能才有价值，而时间只有作为某种真理的质料或类型才有价值。而且，回忆，无论是意愿性的还是非意愿的，仅在学习的某些时刻介入，用以浓缩其效果或开辟新的道路。《追忆似水年华》中的观念就是：符号、意义、本质；学习的连续性与启示的瞬间性。夏吕斯是同性恋者，这是一次顿悟。然而，这需要解释者的不断成熟与进步；然而，就是向一种新的认识与新的符号领域所进行的质的飞跃。《追忆似水年华》的主导动机（leitmotive）就是：我尚未知晓，但我之后会理解；而且，一旦停止学习，我就不再感兴趣了。《追忆似水年华》中的

110

人物只有在他们发送着有待破解的符号时才具有重要性，在或深或浅层次的时间节律之中。祖母、弗朗索瓦丝、盖尔芒特夫人、夏吕斯、阿尔贝蒂娜：每个人的价值都在于他所教给我们的东西。"我初次学习所带来的愉悦，当弗朗索瓦丝……"——"从阿尔贝蒂娜身上，我再也学不到任何东西了……"

存在着一种普鲁斯特式的对于世界的看法。它首先是通过它所排除的东西而得到界定：既非原初的物质，也非有意识的精神。既非物理学，也非哲学。哲学预设了直接的陈述与明确的含义，源自一个欲求真理的精神。物理学预设了一种客观的、明确的物质，它从属于现实的条件。不该相信事实，因为只有符号。也不该相信真理，因为只有解释。符号是一种始终是含混的、隐含的、蕴涵的意义。"我素来奉行一条原则，跟那些非要等到认定书写文字只是一套符号之后才想到用表音文字的人们背道而驰。"[1] 把一朵花的芳香与沙龙的景象联系在一起的，把一块玛德莱娜小蛋糕的味道与一次恋爱的情感联系在一起的，正是符号，以及与之相应的学习。一朵花的芳香，当它作为符号时，同时超越了物质的法则与精神的范畴。我们既非物理学家也非形而上学家：我们应该成为古埃及学家。因为在事物之间并不存在着机械的

1　P1, III, 88.

法则，在精神之间也不存在着有意识的沟通。所有的一切都是被蕴涵着的，所有的一切都是复杂的，所有的一切都是符号、意义和本质。所有的一切都存在于这些模糊的领域中，我们进入其中就像是进入那些地穴，以便在那里破解象形文字与秘密的语言。古埃及学家，总体说来，就是经历了入门阶段的人——学徒。

既没有事物，也没有精神，只有肉体（corps）：天体、植物体……生物学有理由把肉体自身视作已经是语言。语言学家有理由把语言视作始终是肉体的语言。所有的象征（symptôme）都是一种言说（parole），然而，首先，所有的言说都是象征。"言说本身，只有当它们通过一个受窘的人涨得通红的脸，或通过更能说明问题的突然缄默不语而得到解释时，才会对我有所启示。"[1] 当歇斯底里者以其肉体来言说的时候，人们不会感到奇怪。他重新发现了一种原初的语言，一种符号与象形文字的真正语言。他的躯体就是一个埃及。维尔迪兰夫人的手势，她对于颌骨脱臼的恐惧，她那酷似睡眠的富有艺术性的姿态，她那滴过鼻液的鼻子对于那些熟悉她的人来说形成了一整套字母表。

1　P1, III, 88.

结论
思想意象

    如果说时间在《追忆似水年华》中具有相当重要的地位，这是因为所有的真理都是时间的真理。然而，《追忆似水年华》首先是对于真理的探寻。正是在这里体现出普鲁斯特这本著作的"哲学性"的意义：它与哲学针锋相对。普鲁斯特给出了一种与哲学意象相对立的思想意象（L'image de la pensée）。他抨击了理性主义传统中的古典哲学的最本质的东西。他抨击了此种哲学的预设前提。这种哲学往往预设了：精神作为精神、思想者作为思想者，总是向往真理、热爱或渴求真理，并自然而然地追寻真理。他先天就被赋予了一种思想的善良意志；他把所有的探寻都奠基于一种"预先的决心"之上。由此产生出哲学的方法：从某种观点上来

113

看，对真理的追寻是最自然的，同样也是最简单的；只需要一种决心、一种方法就足够了，它们能够克服那些外在的影响，后者使得思想偏离其使命并把假当成真。重要的是根据某种思想的秩序来发现并组织观念，正如有如此众多的明确的含义或清楚表达的真理已经满足了探寻的目的并确保了精神之间的一致性。

哲学的核心在于"友谊"。重要的是，普鲁斯特对于哲学和友谊给予同样的批判。朋友们相互之间就像是有着善良意志的精神，他们对于词与物的含义达成一致：他们在一种共同的善良意志的作用之下相互沟通。哲学就像是一种普遍精神的表达，这种精神与自身相一致，以便确定那些明确的、可沟通的含义。普鲁斯特的批判触到了本质：只要它把自身奠基于思想的善良意志之上，那真理就仍然是独断的和抽象的。只有约定性的东西才是明确的。哲学和友谊忽略了那些模糊的领域，在其中酝酿着那些作用于思想的有效的力量，以及那些促使我们去思想的规定性。无论是一种善良意志，抑或是一种精心筹备的方法，对于思想的学习来说都绝不是充分的；而友谊本身也不足以让我们接近真理。精神之间所沟通的只能是约定性的东西；精神只能产生可能性。对于哲学的真理来说，它缺乏必然性，缺乏必然性的标记。事实上，真理不是被呈现的，而是被泄露的；它不是被传播的，而是被解释的；不是被意愿的，而是非意愿的。

《追忆似水年华》的重要主题就是：确切说来，探寻真理是非意愿性的历险。离开某种激发思想，并对思想施加强力的事物，思想就什么都不是。比思想更重要的是，存在着某种"引发思想"的事物；比哲学家更重要的是诗人。维克多·雨果在他最初的那些诗作中所从事的正是哲学，因为他"仍在思索，而不是像大自然那样，仅仅满足于引发思想"[1]。然而，诗人明白，本质性的事物不在思想之中，而在于那些激发思想的事物。《追忆似水年华》的主导动机，就是这个词"促使"（forcer）：那些促使我们去观看的印象，那些促使我们去解释的相遇，那些促使我们去思考的表达。

　　"由理智直接地从充满光明的世界留有空隙地攫住的真理不如生活借助某个印象迫使我们获得的真理更深刻和必要，这个印象是物质的，因为它通过我们的感觉进入我们心中，然而我们却能从中释放出精神……我都必须努力思索，也就是说使我所感觉到的东西走出半明不明的境地，把它变换成为一种精神的等同物，从而把那种感觉解释成那么多的法则和思想的符号……因为不管是模糊的回忆，诸如餐叉的撞击声或者玛德莱娜小蛋糕的滋味，或者借助我力求探索其意义的那些形象，在我的头脑里组成一部绚丽复杂的天书的钟楼、野草之类的形象书写下的那些真理，它们的首要特性

1　CG3, II, 549.

都是我没有选择它们的自由，它们全都以本来面目呈现在我眼前。而我感到这大概就是它们确实性的戳记。我没有到那个大院里去寻找那两块绊过我脚的高低不平的铺路石板。然而，使我们不可避免地遭遇这种感觉的偶然方式恰恰检验着由它使之起死回生的过去和被它展开的一幅幅图像的真实性，因为我感觉到它向光明上溯的努力，感觉到重新找到现实的快乐。……至于内心书本上那些不认识的符号（似乎是一些被强调的符号，我的注意力在勘探我的无意识中会如测探中的潜水员那样寻找、碰撞、回避的符号），谁都无法用任何规则帮助我去辨认它们，这种阅读即是一次创作行动，谁也不能越俎代庖，甚至不可能与我们合写。……由纯粹的理智造就的那些观念只具有某种逻辑的真理，可能性的真理，它们的选定是独断的。并不由我们涂写出来的形象文字的书确是我们唯一的书。那倒不是因为我们使之成形的那些概念在逻辑上不可能是正确的，而是我们不知道它们是否真实。唯有印象，尽管构成它的材料显得那么单薄，它的踪迹又是那么不可捕捉，它才是真实性的选择结果，因此，也只有它配受心灵的感知。心灵倘若能从中释放出真实，真实便能使心灵臻于更大的完善，并为它带来一种纯洁的快乐。"[1]

迫使我们思考的，正是符号。符号是一种偶然相遇的对

1 TR2, III, 878–880.

象；然而，准确说来，正是相遇的偶然性保证了它给予思想的事物以必然性。思想的行动并不来自某种自然的、简单的可能性。相反，它是唯一真正的创造。创造，就是思想的行动在思想自身之中的创生。然而，此种创生意味着某种向思想施加强力的事物，后者使得思想摆脱其自然的愚钝和仅仅是抽象的可能性。思想，始终是解释，这就是说，始终是表现、展开、破解、翻译一个符号。翻译、破解、展开，这些就是纯粹创造的形式。没有什么比清楚的观念更具有明确的含义。但只有蕴含于符号中的意义；如果说思想拥有解释符号并将它展现于一个理念（Idée）之中的能力，这正是因为理念已经以一种被包含和被蕴藏的状态存在于符号中，存在于那种激发思想的事物的模糊状态中。我们被迫只能在时间中探寻真理。对于真理的探寻，就是那个嫉妒者，他在爱人的脸上无意中发现了一种谎言性的符号。他遇到了一种印象所带来的强力，这就是感性的人。就是通过艺术作品传递符号的读者或听众，可能因此而被迫创造，如同天才向另一个天才发出的召唤。与一个求爱者的缄默的解释相比，喋喋不休的友情所带来的沟通算不上什么。同样与艺术作品的隐秘的驱迫相比，哲学所拥有的方法和善良意志也都算不上什么。创造，作为思想行动的创生，始终是源自符号的。艺术作品自符号中诞生，正如它使它们诞生一样；创造者就像是嫉妒的、神圣的解释者，他掌管着那些真理显露自身的符号。

117

非意愿性的历险存在于每种官能的层次之上。社交符号和爱的符号以两种不同的方式为理智所解释。然而，这里所涉及的不再是那种抽象的、意愿性的理智，它试图通过其自身来发现逻辑真理，拥有其自身的秩序并以此来超越外部的驱使。这里所涉及的是一种非意愿的理智，它承受着符号的驱使，并且，它被激发起来只是为了对符号进行解释，并以此驱除那种使它窒息于其中的空洞，以及使它沉浸于其中的痛苦。在科学和哲学中，理智总是提前到来；然而，符号的本性就在于，它借助于理智正是因为后者是延后到来的，并且不得不延后到来[1]。对于记忆来说也是同样：感觉符号促使我们去探寻真理，然而，它也激起了一种非意愿记忆（或一种源自欲望的非意愿想象）。最后，艺术的符号促使我们去思想：它们发动了作为本质的官能的纯粹思想。它们自那种最少依赖于其善良意志的思想中发起：思想的行动自身。符号发动并且限定了一种官能：理智、记忆或想象。而此种官能以其自身的方式使思想开始运动，并促使它去思索本质。通过这些艺术的符号，我们理解了：（作为本质的官能的）纯粹思想是什么，而理智、记忆或想象又是怎样通过它与其他种类的符号之间的关联而使它多样化。

意愿性和非意愿性并不是指称着不同的官能，而毋宁说

1　TR2, III, 880.

是指称着同样官能的不同运作。感知、记忆、想象、理智和思想自身，当它们被意愿性地运用之时，只有一种偶然性的运作：因而，我们所感知到的，同样也能被回忆、想象和思索；反之亦然。感知没有给予我们任何深层次的真理，同样，意愿性的记忆和思想也没有：只有可能性的真理。这里，没有什么促使我们去解释某物，没有什么促使我们去破解一个符号的本质，也没有什么促使我们像"测探中的潜水员"一般去潜入深处。所有的官能都彼此和谐地运作，然而，一个取代了另一个，以独断和抽象的方式。——相反，每次当一个官能采取其无意识的形式之时，它就揭示了、达到了其自身的边界，它向一种超越的运作上升，并理解了它自身的必然性、作为其不可取代的力量。它不再是可互相交换的。与一种冷漠的知觉不同，一种感觉领受并理解符号：符号是此种感觉的边界、命运和极端的运作。与一种意愿性的理智、记忆和想象不同，所有的官能都在其非意愿的和超越的形式之中出现：于是，每种官能都发现了只有它自身才能解释的东西，每种官能都对一种单独对其施加强力的符号进行解释。非意愿性的运作是超越的边界或每种官能的命运。取代意愿性思想的是所有那些激发思想的事物，所有那些被激发去思想的官能，所有那些只能思索本质的非意愿的思想。只有感觉能把握如此呈现的符号；只有理智、记忆或想象才能解释符号，每种官能都根据某种符号的种类来进行解释；只有纯粹的思想能发现本质，它被促使去思索作为符号及其意义的充足理由的本质。

也许，对哲学的批判——正如普鲁斯特所进行的，也完全可以是哲学性的。哪个哲学家不希望能给出一种不再依赖于思想者的善良意志与一种先行决心的思想意象呢？每次当我们梦想着一种具体的、危险的思想时，我们总是充分理解：这种思想不依赖一种决心或一种明确的方法，而是依赖一种遭遇的、折射的强力，它在无意中将我们引向本质。因为，本质来自那些模糊的领域，而不是来自那些清楚明白的领域。它被蕴藏于那些激发思想的事物中，它不回应我们的意愿性的努力；只有在我们被迫使对本质进行思索的时候，它才能被思索。

普鲁斯特是一个柏拉图主义者，这是非常明确的，因为他借助凡德伊的乐句而达到了本质或理念。柏拉图向我们提供了一种在相遇和强力的符号中呈现的思想意象。在《理想国》的一个段落中，柏拉图区分了世界上的两种事物：那些使思想怠惰的事物，或它们只为思想提供了一种托词去进行仅仅是表面性的活动；以及那些影响思想、激发思想的事物[1]。前一种事物是辨识的对象；所有的官能都作用于这

---

[1]　柏拉图，《理想国》第七卷，523b–525b。

些对象，然而，仅仅是在一种偶然性的运作中，它使我们说："这是一根手指"，这是一个苹果，这是一座房子，等等。相反，还有另外一种事物，它们促使我们去思想：不再是对可辨识的对象，而是对那些施加强力的对象，那些所遇见的符号。柏拉图说这些就是"同时相互矛盾的感知"。（普鲁斯特会说：两个时刻、两个地点所共有的感觉。）感觉符号向我们施加强力：它动员了记忆、它使灵魂开始运动；然而，灵魂自身又激起思想并把感觉的驱迫传递给它，促使它去思索本质——作为唯一应当被思索的事物。这里，各种官能就进入一种超越的运作中，其中每种都面临并通向其自身的边界：对符号进行理解的感觉；对符号进行解释的灵魂、记忆；被促使去思索本质的思想。苏格拉底很有理由说：我是情人而不是友人，我是求爱者；我是艺术而不是哲学；我是鱼雷（torpille）、驱迫和强力，而不是善良意志。《会饮》《斐德若》和《斐多》是研究符号的三篇伟大文本。

然而，作为苏格拉底式的恶魔，反讽则试图驱除相遇。在苏格拉底那里，理智仍然是先于相遇的；它激起、引发了相遇并对其进行组织。普鲁斯特的幽默则是另一种性质的：犹太人的幽默反抗着希腊式的反讽。应该具有符号方面的才能，应该向它们的相遇、它们的强力敞开。理智总是延后到来的，当且仅当它是延后到来时，它才是恰当的。我们已经看到了此种与柏拉图主义之间的差异是怎样引发了二者之间更多另外的差异。不存在逻各斯，只有诸多密语（hiéroglyphes）。思索，因而就是解释，就是翻译。本质同时既是有待翻译的事物，又是翻译的过程自身，它既是符号又是意义。它被蕴藏于符号之中，以便促使我们去思索，它在意义中展现，以便能够被必然地思索。到处都是密语，而其双重象征就是相遇的偶然性和思想的必然性："偶然且不可避免的"。

第二部分
文学机器

第一章

反逻各斯

普鲁斯特以自己的方式体验了雅典与耶路撒冷之间的对立。在《追忆似水年华》的写作过程中，他去除了很多的物或人，而这些物或人从表面上看形成了一种混杂的结合体：观察者、朋友、哲学家、健谈者、希腊式的同性恋者、知识分子，以及志愿者。然而，所有这些人都分享着逻各斯，并且，虽然身份不同，但他们都具有同一种普遍的辩证法：此种辩证法作为朋友之间的对话，在其中所有的官能都被有意识地运用，并且在理智的支配下相互协作，以便把对物的观察、对法则的发现、对词语的明确表达、对观念的分析结合在一起，并不断地编织着从部分到整体以及从整体到部分的关联。把每件事物都当作一个整体来观察，然后，通过其法则来思索它，从而把它视作一个整体中的构成部分，这个整体通过其自身的理念体现于每个构成部分中：我们以种种不同的方式在朋友的对话、哲学家的理性的和分析的真理、学者的方法、文人们所共同策划的艺术作品，以及所有人都运用的约定性的符号体系中所发现的，难道不正是普遍的逻各斯——此种对于总体化的偏爱？[1]

在逻各斯中，存在着一个如此隐蔽的方面，也正是通过它，理智才能提前到来，整体才能已经在场，而法则才能先于它所运用于其上的事物而被认识：一种辩证法的花招，在其中，人们所能重新发现的只有那些从一开始就被给予的事物，人们所能获取的只有那些已经被置于其中的事物。（我们已经在圣勃夫的著作及其令人反感的方法中看到了一种逻各斯的存在，当他询问一位作家的友人时，他便将作品评价为某个家庭、某个时代和某种环境的产物，哪怕这样做会导致把著作视作一个反作用于环境的整体。这种方法就使得他把波德莱尔和司汤达视作有几分近似于苏格拉底和阿尔西比亚德：这些温雅的孩子们只因其虚名而被人们所认识。而龚

1　辩证法不能和这些外在的特征相分离；因此，柏格森通过两种特征来界定它，即朋友之间的对话以及在城邦之中通行的词语的约定性含义。参见 *La pensée et le mouvant*, Presses Universitaires de France, pp. 86–88。

古尔仍然掌握着逻各斯的残余，当他观察维尔迪兰的宴会时：那些被邀请者聚集在一起"为了那些穿插有小游戏的异常出色的漫谈"）[1]。

《追忆似水年华》是由一种对立的序列而构成的。与观察相反，普鲁斯特提出了感性；与哲学相反，他提出了思想。与反思相反，他提出了翻译。与我们所有官能的逻辑的或一致性的用法（理智先于此种用法并使其集中于一种"总体精神"的虚构之中）相反，他提出了一种非逻辑的、断裂的用法，它向我们揭示：我们永远也不能同时支配所有的官能，而且理智总是延后到来的。[2]同样，与友情相反，他提出了爱情。与对话相反，他提出了沉默的解释。与希腊式的同性恋相反，他提出了犹太式的、被诅咒的同性恋。与词语相反，他提出了名字。与明确的含义相反，他提出了不明确的符号和被隐藏的意义。"我素来奉行一条原则，跟那些非要等到认定书写文字只是一套符号之后才想到用表音文字的人们背道而驰；多年来，我完全是在别人不受拘束地直接对我讲的那些话里，来寻觅他们的真实的生活、思想的线索，

1　TR1, III, 713. 正是在这部模仿龚古尔作品之中，普鲁斯特对观察进行了最为深入的批判，它构成了贯穿《追忆似水年华》的主题之一。

2　SG1, II, 756. 对于必须延后到来的理智，参见 TR2, III, 880—以及《驳圣勃夫》的整篇前言。

结果事情到了这种地步，只有那些对事实做出理性的、分析的表述的证据，我才认为它们是有意义的；言说（paroles）本身，只有当它们通过一个受窘的人涨得通红的脸，或者通过更能说明问题的突然缄默不语得到阐释时，才会对我有所启发。"[1] 普鲁斯特并不是用一种关于动机的单纯的心理生理学来取代真理（Vrai）的逻辑，而是用真理的存在，它促使我们在它栖身之所去探寻它，在那些被蕴涵或被复杂化的事物之中，而不是在那些理智的清晰的形象以及明显的观念之中。

考虑《追忆似水年华》中的三个次要人物，他们每个人都在某个方面与逻各斯联系起来：圣卢，热心于友情的知识分子；诺布瓦，为外交界的约定性含义所纠缠；戈达尔，在权威性的科学话语的冰冷面具之下，掩藏着他的怯懦。然而，每个人都以其方式揭示了逻各斯的覆灭，而且，每个人的价值仅仅在于对沉默的、碎片性的、隐藏的符号的熟悉，这些符号把他归属于《追忆似水年华》的某个部分中。戈达尔，一个低能的不学无术者，却在诊断中——也即，在对于含混的症候的解释中——展现了他的天赋。[2] 诺布瓦明白，外交界的惯例，和社交界的惯例一样，在所运用的明确含义

1　P1, III, 88.《追忆似水年华》(下)，p. 1256。

2　JF1, I, 433, 497–499.

之下发动了、恢复了纯粹的符号。[1]圣卢解释说，战争的艺术较少依赖于科学和论证，而更多依赖于对始终是部分性的符号、包含着异质性要素的含混符号，甚至是用来欺骗敌手的错误符号的洞察力。[2]不存在战争、政治或外科学的逻各斯，而只有包含于不可总体化的碎片和物质中的密码，它们把军事家、外交家与医生造就成为如此众多的不协调的碎片，对于这些碎片的解释要依赖一位神圣的解释者，她更接近于底比斯夫人（Mme de Thèbes）而不是博学的辩证法家。普鲁斯特处处以符号和象征的世界来反对属性的世界，以帕索斯（pathos）的世界来反对逻各斯的世界，以象形文字和表意文字的世界来反对分析性表达、表音文字和理性思想的世界。被不断拒斥的，正是源自古希腊的伟大主题：爱（le philos），智慧（la sophia），对话（le dialogue），逻各斯（le logos），语音（la phoné）。只有在我们噩梦中的老鼠才发表"西塞罗式的演说"。符号的世界和逻各斯的世界之间的对立体现于以下五个方面：它们在世界中所划分的部

---

1 CG2, II, 260："德·诺布瓦先生……对事态的发展忧心忡忡，但他心里很清楚，人家不会明确告诉他要和平还是要战争，而是另一个外表看来普普通通的，其实是可怕或可喜的字眼，外交官根据密码，即刻就可以破译出来；为了维护法国的尊严，他会用另一个也是非常普通的但敌对国家的部长立即会理解成'战争'的字眼来回答"。

2 CG1, II, 114.

分之形象，它们所揭示的法则的本质，它们所引发的官能的用法，由此所形成的统一性，以及对其进行翻译和解释的语言的结构。应该从所有这五个方面（部分、法则、用法、统一性、风格）来构成符号和逻各斯，以及帕索斯和逻各斯之间的对立。

然而，我们已经看到了普鲁斯特作品中的某种柏拉图主义：整部《追忆似水年华》都是一种记忆和本质的实验。而且我们知道，官能在其非意愿运作中的相互分离的用法的原型是来自柏拉图，后者建立了一种向符号的暴力开放的感觉、（对这些符号进行解释并从中发现意义的）回忆着的灵魂，以及一种发现本质的理性思想。然而，存在着一种明显的差异。柏拉图的记忆的出发点是感觉属性和关系——它们中的一些在另一些中被把握，在其生成、变化、不稳定的对立以及"相互融合"之中被把握（这样，相等者从某些方面来说是不相等的，大会变成小，而重与轻不可分离……）。然而，这种性质的生成运动表现为事物和世界的某种状态，这种状态勉强根据其力量对理念进行模仿。作为记忆的终点，理念是稳定的本质，是使矛盾者相互分离的事物自身，并在总体中引入正义的秩序（仅仅作为平等的平等……）。这就是为什么理念总是"在先的"，总是被预设的，即使是在它只能被延后发现时。出发点的价值仅仅在于其模仿终点的能力；因而，官能之间相互分离的运用仅仅是辩证法的一种"前奏"，而后者把所有的官能都整合于同一个逻各斯中，这有点像是构成圆弧就为整个圆的形成做好了准备。正如普鲁斯特在总结其对于辩证法的批判的时候所说，理智（l'Intelligence）总是先行。

而在《追忆似水年华》中，情况则完全不同：性质的生成、相互融合，"不稳定的对立"不再根植于事物或世界的某种状态，而是被铭刻于灵魂的某种状态中。夕阳的一道斜照的光线、一种气息、一种味道、一阵风、一种转瞬即逝的性质的复合体，它们的价值都仅仅在于那个它们所渗透的"主观的侧面"。这也是为什么回忆会介入的原因：因为性质不能和一种主观联想的链条相分离，因为当我们初次体验它的时候，是无法自由进行实验的。确实，主观的方面绝不是《追忆似水年华》的结论：斯万的弱点就在于停留于主观的简单联想，继而成为其精神状态的囚徒，这些状态把凡德伊的乐句与他对奥黛特的爱慕或布洛涅森林（他曾在那里听懂领会了它）的叶簇联结在一起。[1]主观的、个人的联想的存在仅仅是为了向着本质的超越；即使是斯万也强调，艺术的愉悦"并非像爱情那样纯粹是个人性的"，而是指向一种"更高的真实"。然而，本质从其自身来说不再是稳定的本质

1　CS2, I, 236; JF1, I, 533.

和被注视的理念，后者把世界聚集于一个总体中并在其中引入了正义的尺度。普鲁斯特的本质——我们在前面已经尝试对其进行揭示——不是某种被看到的东西，而是一种更高的视点。不可还原的视点，它同时意味着世界的诞生和一种世界的原初特性。正是在这个意义上，艺术作品构成了并不断重构了世界的开始，然而，同样也形成了一种与其他世界完全不同的特殊世界，并包含了一种风景或非物质性的场所（它和我们已经把握到的场所是完全不同的）[1]。无疑，正是这种视点的美学使得普鲁斯特接近亨利·詹姆斯。然而，重要的是，这种视点超越了个体，正如本质超越了精神的状态：视点要比那个置身其中（s'y placer）的人更为优越，或者说，它保证了所有那些达到它的人的同一性。它不是个体性的，相反，它是个体性的原则。普鲁斯特式的记忆的原创性恰恰正在于此：它来自一种精神的状态，来自联想的链条，但却指向一种创造性的或超验的视点——而不再是像柏拉图那样从一种世界的状态转向被注视的客观性。

因而，客观性的全部问题，正如统一性的问题，都以一种（应该被称为"现代的"）方式被转移，此种方式在现代文学中至关重要。秩序已然崩溃，无论是在那些被认为是再现此种秩序的世界状态中，还是在那些被认为是产

1　CS2, I, 352; P2, III, 249; TR2, III, 895-896.

生此种秩序的本质或理念中。世界变成碎片和混沌。这正是因为回忆从一种主观性的联想转向一种原初的视点，客观性只能在艺术作品中存在：它不再存在于作为世界状态的有含义（significatif）的内容中，也不存在于作为稳定本质的理想性的含义中，而只存在于艺术作品那富有意义（signifiante）的形式性结构中，也即，存在于风格中。重要的不再是说：创造，就是再回忆（re-souvenir）——而是说，再回忆，就是创造，正是在这个点上，联想的链条才得以断裂，跳出了被构成的个体之外，并被转化为一种个体性的世界的诞生。重要的也不再是说：创造，就是思想——而是说，思想，就是创造，并且首先是在思想中的对思想行动的创造。思想，就是激发出思想。再回忆，就是创造，然而，不是创造回忆，而是创造出仍然是太过物质性的回忆的在精神上的等价物，创造出对于所有联想都适用的视点，对于所有形象都适用的风格。正是风格以人们谈论经验的方式或表达经验的模式取代了经验，用对于世界的视点取代了世界中的个体，并从回忆中形成了一种被实现的创造。

符号，人们已经在希腊世界中发现了它们：柏拉图的伟大的三部曲，《斐德若》《会饮》和《斐多》，就是谵妄（délire）、爱和死。希腊世界并不仅仅体现于作为完美总体的逻各斯中，而且也体现于作为箴言的对象的碎片与片断中，体现于神谕的符号与神圣的谵妄中。然而，希腊精神始终带有这样的印记：符号，作为事物的沉默的语言，是一个不完备的、可变的、欺骗性的体系，是逻各斯的残骸，因而它们必须通过一种辩证法而得到修复，通过一种"友爱"（philia）而得到和解，通过一种"智慧"（sophia）而得以协调，并被一种先在的理智所支配。[1] 那些最美的希腊雕像所带有的忧郁，正是预感到：那种赋予它们以生命的逻各斯行将瓦解成碎片。针对那些宣告了克吕泰涅斯特拉（Clytemnestre）[2] 的胜利的火的符号——它们是适合于女性的谎言性的和碎片性的语言，合唱团的领唱提出了另一种语言——信使的逻各斯，它通过正义的秩序、幸福和真理而把"整体"（Tout）聚集于"一"（Un）中。[3] 相反，在符号的语言中，真理只存在于那些被用作欺骗的事物中，那些对其进行掩藏的事物的迂回含蓄中，以及一个谎言与一种厄运的碎片中：只有被泄露的真理，也即，同时被对手所出卖与通过侧面和碎片所揭示的真理。正如斯宾诺莎在界定属性的时候所说，丧失了逻各斯的犹太先知被迫求助于符号的语言，他总是需要一个符号来让自己相信，因为即便是上帝也会想要

1　这一点在赫拉克利特那里尤为明显，参见 Edward Hussey, *Heraclitus*, 收于 "剑桥哲学研究指针丛书"中的《早期希腊哲学》。——译注

2　阿伽门农王的妻子。——译注

3　参见 Eschyle, *Agamenon*, 460–502。亨利·马尔蒂尼分析了这些诗行之中的符号的语言与逻各斯之间的对立，《里昂大学学报》（Bulletin Faculté de Lyon, 1967）。

欺骗他：但上帝的符号却不是欺骗性的。

当一个部分的价值就在于其自身时，当一个碎片以其自身来进行言说时，当一个符号能够自主形成时，这种情况可能有两种截然不同的方式：一种是，这个部分使人能够推测出它所来自的整体，重构其所属的有机体或雕像，并寻找与其匹配的另一部分；——另一种则完全相反，这部分不存在任何与其相对应的部分，也没有能够容纳它的整体，更没有任何它被从中剥离、可以还原的统一性。第一种方式是希腊的：只有以此种形式，希腊人才能容忍"箴言"。最小的部分也仍然应该是一个小宇宙（microcosme），以便人们能够辨认出它对于一个大宇宙（macrocosme）的归属。符号是根据形成一个宏大生命体的类比和连贯性而被构成的，正如人们在中世纪和文艺复兴时期的柏拉图主义中仍然能见到的那样。它们被束缚于一种世界的秩序、具有含义的内容和理想性的含义所构成的网络中，它们仍然见证了一种逻各斯的存在，即使是在它们令其瓦解时。而且，人们几乎不能求助于从前苏格拉底的断片中形成柏拉图主义的犹太思想（Juifs de Platon）；人们不能出于某种意愿而使得（时间在其中展开其运作的）碎片化的状态得以发生。

与此相反，就另一种方式而言，与其说时间是一部作品所描述的对象，毋宁说是其主体。它所关涉的、它自身所带有的，正是那些不再能被重新黏合的碎片，那些不进入同一个拼图中、不属于同一个先行的整体，也不来自同一个消逝了的整体的片断。或许，时间就是如此：那些不能相互配合的、具有不同的尺度与形式的部分正是根本性的存在，它们不以相同的节律发展，而风格的洪流也无法以同样的速度带动它们。宇宙的秩序已然崩溃，碎裂成彼此不能沟通的联想链条和视点。符号的语言开始为其自身而言说，并回到厄运和谎言的根源中；它不再依赖一种持存的逻各斯：只有艺术作品的形式性的结构才能对其所使用的碎片性的质料进行破解，也不必通过外在的指涉、讽喻或类比的框架。当普鲁斯特探寻那些对朦胧记忆进行探索的先行者时，他援引了波德莱尔，但却批评后者从此种方法中形成了一种过于"意识性的"方法，也即，波德莱尔在一个逻各斯持存于其中的世界中发现了仍然是太过柏拉图式的客观性的类比和连续性。相反，他所喜爱的夏多布里昂的句子正是：带来天荠菜的芳香的并不是"故国的微风，而是纽芬兰的狂野的风，与谪居的作物没有关系，没有来自回忆与快感的同感（sympathie）"[1]。我们要明白，这里并非柏拉图式的回忆，因为，不存在整合于一个全体（Tout）中的同感，而只有那个自身作为一个不合常规的部分的信使（messager），他不与其信息相配合，也不与那个他向其传送信息者相配合。

---

1 对夏多布里昂的引用（《墓畔回忆录》——译注），TR2, III, 920。

在普鲁斯特那里始终是如此，这就是他的全新的、现代性的朦胧记忆的概念：一个异质性的联想序列只能由一个创造性的点来进行整合，后者自身正是作为一个整体中的异质性的部分。这种方法确保了偶然性和相遇的纯粹性，它击退了理智，并阻止后者提前到来。人们徒劳地在普鲁斯特那里寻找那种对于艺术品的陈词滥调——即把艺术品视作一个有机的总体，其中的每个部分都预先决定了整体，而整体也决定着部分（艺术作品的辩证概念）。即使是维米尔的画作的价值也不在于整体，而是通过那一小块黄色墙面的碎片显现出另一个世界。[1]同样，还有凡德伊那"插入的、间段的"小乐句，以及斯万对奥黛特所说的，"你还需要什么呢？就是这，我们的碎片"[2]。巴尔贝克的教堂，当人们在其整体中发现了一种"几乎是波斯式的动势"时，它是令人失望的，但是，相反地，它却在一个不和谐的部分中呈现了它的美，这个部分事实上描绘的"几乎是中国式的龙"[3]。巴尔贝克的龙、维米尔的墙壁、凡德伊的乐句、神秘的视点，它们向我们所传达的东西与夏多布里昂的风格相同：它们以缺乏"同感"的方式运作，它们不是把艺术作品形成一个有机的总体，而毋

1　P1, III, 186–187.

2　CS1, I, 218–219.

3　JF3, I, 841–842.

宁是作为一个形成了晶体的碎片。我们将看到，在普鲁斯特那里，植物的原型绝非偶然地取代了动物性总体的原型——对于艺术和性来说都是这样。一本以时间为主题的作品无须以箴言的方式写作：正是在一种反逻各斯风格的曲折与环节中，它形成了如此众多的迂回，这都是为了聚集那些根本性的片断，以不同的速度带动所有的碎片，每个碎片都指向一个不同的整体，或完全不指向任何整体，或者它们唯一指向的整体就是风格本身。

第二章

箱子与瓶子

断言说普鲁斯特对《追忆似水年华》的预设的统一性有着模糊的理念，或者说，虽然他是后来才发现了这种统一性，但它却从一开始就已经赋予整部著作以活力——这种观点显然是一种误读，它把那些完全是来自有机性的总体（而普鲁斯特恰恰是拒斥此种总体的）的标准强加给他，并拒斥了那种普鲁斯特正在创造的如此新颖的总体观念。因为，这才是理解这部作品的出发点：《追忆似水年华》的各部分之间的不一致性、不可公度性，以及碎片性，带着那些确保其终极的多样性的断裂、间隙、空白、间断。从这个角度看，存在着两个根本性的形象；一个尤其关涉容器—内容之间的关系，而另一个则关涉部分—整体之间的关系。第一个是嵌合

（*emboîtement*）、包含、蕴涵的形象：人、物、名字就像是箱子（*boîtes*），人们从中可以获取具有完全另一种本质和形式的事物，一种难以界定（*démesuré*）的内容。"我专心致志、一丝不苟地追忆那屋顶的形状，那石头的微妙的细节；也不知为什么，我总觉得它们仿佛饱满得要裂开似的，仿佛准备把它们掩盖下的东西统统都交给我。"[1]德·夏吕斯先生，"这个涂鸦式的人物，大腹便便的与关闭着的，像是一个来自可疑的异域的箱子"，在其声音中容纳着一群少女和守护性的女性灵魂。[2]专有名词就像是半开的箱子，它们把其性质投射向那些它们所指称的存在："盖尔芒特的名字就像是这些小气球之一，人们在其中装进氧气或另一种气体"，或像是这些"小软管"之一，人们从中"挤出"合适的颜料。[3]与第一种的包含的形象相关，叙述者的行动旨在解释，也即展开、展现那种与容器之间不可公度的内容。第二种形象是复杂性的形象：这次，它所涉及的是不对称的、不相通的部分之间的共存，它们或是作为那些相互分离的部分而被组织，或是指向着相互对立的"那边"（*côté*）或道路，或是开始旋转，就像是一架带动并往往是混合了不同的确定的命运的摇彩机。叙

1　CS1, I, 178–179.

2　SG2, II, 1042.

3　CG1, II, 11–12.

述者的行动因而就旨在遴选、选择；至少这是它表面上的行动，因为许多彼此差异的力（它们自身就已经是复杂性的了）相互作用以决定其伪—意志（pseudo-volonté），以使他从一个复杂的结合体中选择某个部分、从不稳定的对立中选择某个方面，或在奥秘的旋转中选择某种命运。

第一种形象，以半开的箱子的形象为主导，而在第二种形象中，则是封闭的瓶子的形象。第一种形象（容器—内容）的价值就在于一种缺乏共同尺度的内容所具有的地位；而第二种形象（部分—整体）的价值则在于与一种不相通的相邻者之间的对立。无疑，它们之间是不断相互融合的，一种进入另一种中。例如，阿尔贝蒂娜拥有着这两个方面：一方面，她在自身中以复杂的方式包含着（compliquer）众多不同的人物，不同的少女——人们会说，她们中的每一个都需要借助于一种不同的光学仪器才能被看到，而对这些仪器的选择则必须要根据环境及细微差异的欲望；另一方面，她蕴涵或包含了海滩与浪潮，她使得"一个海的序列的所有印象"相互维系在一起，对于这个序列，应该懂得如何展开并展现它，就像人们展开一根绳索。[1]然而，《追忆似水年华》中的每一个主要范畴无不显示出对某种形象的偏好，也即，对于某种形象的归属，直至它从属性地参与到那（并不构成

---

1 CG2, II, 362-363. 这两个方面都通过"另一个部分"而得到很好的表现。

其起源的）形象的方式。这也就是为何我们能通过两种形象中的一种来构想每个主要范畴，就好像每一个形象都在另一个中拥有其复本（double），并且，它或许已经被此种与它既同一又完全差异的复本所激发。比如，在语言方面：专有名词的全部力量首先就在于作为人们可以从中取出内容的箱子，并且，一旦因失望而被清空后，它们仍然能彼此协调，并把普遍性的历史"封闭""禁锢"在其中；然而，而普通名词的价值在于将不相连的虚假和真实片段引入叙述，由解读者来选择。或者，从官能的角度来看：非意愿记忆的行动就是打开箱子，展现隐藏其中的内容，而另一方面，欲望，或更恰当地说是睡眠，则旋转封闭的瓶子和构成了循环的不同侧面，以便从中选择那个最好地适应了睡眠的某种深度、清醒的某种近似，以及爱的某种等级。或者，从爱情自身的角度来看：欲望和记忆相互结合，以形成嫉妒的沉积物，然而，它们中的一个首先致力于增加那些不互通的阿尔贝蒂娜的形象，而另一个则致力于从她身上获取不可公度的"记忆的区域"。

尽管我们能抽象地对两种形象中的每一个进行思索，但是，这仅仅是为了确定其独特的多样性。首先，我们会追问，何为容器，而内容又包括什么，二者之间的关联是什么，什么又是"解释"的形式，由于来自容器的抵制或来自内容的规避，这种解释又遭遇到了哪些困难？尤其是，二者之间的不可公度性、对立、间隙、空白、中断又在何处介入？在玛德莱娜小蛋糕的例子之中，普鲁斯特借助于小片的日本纸，当它被浸在一个碗中，就会伸展并摊开，也即，被解释（s'expliquer）："同样，那时我们家花园里的各色鲜花，还有斯万先生家花园里的姹紫嫣红，还有维福纳河塘里漂浮的睡莲，还有善良的村民和他们的小屋，还有教堂，还有贡布雷的一切和市镇周围的景物，全都显出形迹并且逼真而实在，大街小巷和花园都从我的茶杯中脱颖而出。"[1]然而，这只是近似的真。真正的容器不是碗，而是感觉属性，是味道。而内容也不是与此种味道相关联的联想链条——那个由在贡布雷所熟识的人和物所构成的链条，而是作为本质的贡布雷，作为纯粹视点的贡布雷，它要高于所有那些由此种视点看来是真实的东西，它最终在其光辉之中、作为其自身而呈现，它与联想链条之间是断裂的关系，而后者仅仅是通向它的道路的一个部分。[2]内容已被如此彻底地遗失，永远不会被拥有，以至于对它的重新获得就是一种创造。这恰恰是因为本质作为个体化的视点超越了所有个体性的联想链条并

---

1 CS1, I, 47.

2 我们已经注意到，玛德莱娜小蛋糕是一个成功的解释的例子（比如，和三棵树的例子相反，后者的内容已经永远地被遗失了）。然而，此种成功仅仅是部分的；因为，尽管"本质"已经被援引，但是叙述者在这里仍然停留于联想的链条之中，后者仍未解释"为何这个记忆会带来如此的幸福"。仅仅是在《追忆似水年华》的结尾处，本质的理论和体验才找到了其位置。

与之断裂，因为它拥有此种力量：不仅仅强烈地唤起我们那个体验过整个链条的自我，而且还通过再个体化而在其自身中重新体验一种从未体验过的存在。以这种意义来说，任何对某种事物的"解释"都意味着一种自我的复活。

被爱者就像是感觉属性，她的价值就在于所包含的东西。如果她们没有表达一个或一些可能性的世界，没有表达风景和场所，以及那些有待解释（也就是展开、展现，像是小片的日本纸）的生活方式的话，那她们的眼睛就仅仅是石子，而她们的身体仅仅是一具肉体：正如斯特马里亚小姐和布列塔尼省，阿尔贝蒂娜和巴尔贝克。爱和嫉妒被此种解释的行动所严格地支配。甚至还存在一种双重运动，在其中，一种风景需要在一个女子身上展现自身，而这个女子则需要展示那些被"包含于"她的身体中的风景和场所。[1] 表现性（l'expressivité）就是一个在者的内容。而且，这里，我们还能认识到，在内容和容器之间只有一种联想的关联。然而，尽管联想链条是非常必要的，但是还存在着某种事物，普鲁斯特把它界定为欲望的不可分的特性，它把一种形式赋予物质，并用物质来填充一种形式。[2] 还有，那些揭示了联想链条仅仅存在于（一种即将与之断裂的力的）关联中的事

1　CS1, I, 156–157.

2　CS1, I, 87: "……并不是通过一种思想的简单联想的偶然性……"

物，就是一种奇妙的扭曲，正是通过它，我们自身才能被置于被爱者所表现的未知世界中，才能脱离自身，在另一个宇宙中呼吸。[1] 因而，被看到就产生了与听到被爱者说出其名字一样的效果：那种在其口中被赤裸裸地把握的效果。[2] 在叙述者的心中，景观与被爱者的联系因此被割裂，转而形成了一种被爱者对景观的视角，这种视角甚至将叙述者自身也包含在内，无论是为了被排除还是被拒斥。不过，这次，联想链条的断裂不是被某种本质自身的呈现所超越，而毋宁说是被一种清空（vidage）的运作所形成，此种运作把叙述者的自我还给他自身。因为，那个嫉妒的、恋爱的叙述者—解释者，想要把被爱者封闭、禁锢和监禁起来，以便能够更好地"解释她"，也就是说，清空她身上所包含着的所有世界。"在幽禁阿尔贝蒂娜的同时，我便把所有这些……绚丽多彩的翅膀还给了宇宙……这些闪光的翅膀构成了尘世之美。它们从前也构成了阿尔贝蒂娜的美……阿尔贝蒂娜失去了她所有的光彩……她逐渐失去了她所有的美……变成了一个忧郁的囚徒，沦落到平庸乏味、黯淡无光的地步，只有在我对过去的重新回忆的闪电中，她才重新恢复自己的光彩。"[3] 而且，

1　JF2, I, 716；JF3, I, 794.

2　CS2, I, 401.

3　P1, III, 172–173.

只有嫉妒能在她身上瞬间产生一个宇宙，而一种缓慢的解释则努力将其清空。回归或恢复叙述者的自我？这最终涉及完全不同的事物。这涉及清空每个爱恋阿尔贝蒂娜的自我，并把它们带向其极限，根据一种和重生的法则交织在一起的死亡的法则——正如消逝的时间和重现的时间相互交织在一起。而这些自我并非不情愿地走向自己的终结，而是带着极大的执念，既渴望重复并预备自己的死亡，又渴望通过其他事物重复并回忆自己的生命。[1]

专有名词自身拥有着一种内容，后者不能与它们的音节及它们所进入的自由联想相分离。然而，准确地说，这是因为我们不能打开箱子却不把所有相关的内容投射到现实的人或场所之上，而相反地，那些由人与场所的平庸性所强加的完全不同的、强制性的联想，则会使得第一个序列发生扭曲和断裂，并且这次在容器和内容之间打开了一条裂痕。[2]因而，在《追忆似水年华》的第一种形象的各个方面中，总是呈现着内容的不充分性，它的不可公度性：或是遗失的内

1　JF2, I, 610–611:"我不断地、竭尽全力地使我身上爱恋希尔贝特的那个自我进行残酷的慢性自杀，而我清楚地意识到我此刻的行为及将来的后果。"

2　对于意义相反的两种联想性的运动，参见 JF2, I, 660。此种失望将从专有名词的谱系学或词源学所带来的愉悦中得到报偿（而并非满意）：参见 Roland Barthes, *Proust et les noms*（To Honor Roman Jakobson），以及 Grérard Genette, *Proust et le langage indirect*（Figures II，Éditions du Seuil）。

容，而我们在一种重新引发一个过去自我的本质的光辉中重新发现它，或是被清空的内容，它把自我带入死亡，或是被分离的内容，它将我们抛入一种不可避免的失望中；一个世界从未能被组织成层级结构或客观体系，即使那些提供最低限度连贯性或秩序的主观联想链条，也会因超越性的、但又变幻不定的视点而破裂——这些视点有的揭示了缺席与逝去的时间的真理，有的则揭示了在场与重现的时间的真理。名字、在者和事物被一种使它们爆裂的内容所充满；而且，我们不单单目睹了此种由内容所引发的容器的爆裂；而且，还目睹了此种被展开的、被表现的内容自身的爆裂，它们并没有形成一个单一的形象，而是众多碎片性的、异质性的真理，这些真理相互之间仍然发生着争斗，而并非仅仅是相互一致。即使是当过去在本质中被重新给予我们，当下时刻和过去时刻之间的联结也更显得像一场战争而非一种和谐，而且，被给予我们的既非一个总体也非永恒，而是"些许纯粹状态的时间"，也即，一个片段[1]。没有什么能被一种"友情"（philia）平息；正如对场所和时刻来说，两种情感只有通过斗争才能相互结合，并在此种斗争中形成一个只带有些许绵延的不规则的肉体。即使是在作为艺术视点的本质的最高状态中，所肇始的世界也使得声音作为根本性的不协调的

---

[1]　TR1, II, 705.

碎片而相互斗争，而世界正是建立于这些声音之上。"不久，两个动机相互之间展开了肉搏，其中，往往是一个动机彻底消失，接着，我们只能听到另一个动机的某个片段。"

无疑，正是这段话对《追忆似水年华》中的那些不协调的部分之间的异常运动（体现于展开的节奏或不可还原的表现的速度）做出了分析：它们不仅仅是相互间没有构成一个总体，而且，它们更没有体现出一个它们将从中脱离的总体，这两个总体是完全不同的，形成某种宇宙间的对话。相反，它们被投入世界中时所带有的力量、把它们强行嵌入彼此中的那种力量（尽管它们之间的边界并不相对应），使得它们作为部分而被把握，而没有构成一个哪怕是隐藏着的总体，或源自一个哪怕是遗失了的总体。由于不断地把一些片断置于另一些中，普鲁斯特发现了一种使得我们能够思索全部片断的方法，不过，此种方法无须参照一个它们所源自的总体，或从它们中所形成的总体。[1]

---

1 乔治·普雷说得好："普鲁斯特的世界是一个碎片性的世界，其中的那些碎片还包含着另外一些世界，而这些世界自身又是碎片性的……时间的不连续性其自身要后于一种更为根本的不连续性即空间的不连续性，并甚至是被后者所支配"（*L'espace proustien*, Gallimard, p. 54-55）。不过，普雷在普鲁斯特的著作之中仍然保留了一种连续性和一种总体性的权利，但他并未试图对此种连续性和总体性的非常独特的原初性的本质进行界定（p.81, p.102）；另一方面，他试图否定普鲁斯特的时间的原初性和独特性（他辩解说此种时间和柏格森的绵延之间没有任何关系，并断言这是一种空间化的时间，参见 p.134-136）。（转下页）

至于《追忆似水年华》的第二种形象，即复杂性的形象，它所涉及的尤其是部分与总体之间的关系，我们看到这种形象被运用于词语、人、事物，也即，运用于时间和场所。封闭的瓶子的形象，它标志着一个部分和另一个不相通的邻近者之间的对立，它在这里取代了打开的箱子的形象，后者标志着一个与容器之间不存在共同尺度的内容的地位。这样，《追忆似水年华》中的两个"那边"——梅塞格利丝和盖尔芒特，它们被彼此并置，"彼此之间无法相识，天各一方，在不同的下午，它们之间绝无联系"[1]。不可能像希尔贝特所说的那样："我们可以取道梅塞格利丝前往盖尔芒特。"即使是重现的时间的最终呈现也不能把二者结合或汇聚在一起，而只能是不断增加那些彼此不相通的"联接路线"[2]。同样，那些人的面容也都至少拥有两个不对称的方面，就像是"两条决不相通的相对立的道路"：对于拉塞尔

（接上页）一个碎片化的世界（在其最为普遍的内容之中）的问题，已经被莫里斯·布朗肖所提出（尤其是《无限的对话》）。问题是去认识：一个这样的世界的总体性与非总体性是什么，一旦我们认为它既没有预设，也没有构成一个总体："那些谈论碎片的人不应该仅仅谈论一种已经存在的现实的碎片化，也不应该谈论一个尚未到来的总体的时刻……在碎片的强力中，另一种完全不同的关联被给予我们"，"新的与外部之间的关联"，"不能被还原为总体性的肯定"，也不能被还原为一种箴言性的形式。

1　CS1, I, 135.

2　TR2, III, 1029.

（Rachel）来说就是普遍性和特殊性的方面；或者说，一方面，是从极近的距离所看到的无形的模糊一团，而另一方面，则是从一个合适的距离所看到的精妙的结构。或者，对于阿尔贝蒂娜来说，则是回应着信任的面容，以及抵抗着猜忌的面容。[1] 并且，两条道路与两个方面只能是统计学上的方向。我们能够形成一个复杂的整体，然而，我们决不能形成这个整体但却使得它不进行分裂，这次就像是分裂为千百个封闭的瓶子：阿尔贝蒂娜的面容正是如此，当我们以为是把它汇聚于其自身以便深情一吻之时，从嘴唇移向面颊的过程就是从一个平面向另一个平面的跳跃，其间呈现着相互隔绝的"十个阿尔贝蒂娜"，直到那个最终时刻，所有这些阿尔贝蒂娜瓦解于过度的接近之中。[2] 而且，在每个瓶子之中，都有一个自我在生活、在感知、在欲望、在回忆、在醒来或睡去、在自戕并断续地重生：阿尔贝蒂娜的"碎裂""分裂"，与此对应的是一种自我的增殖。同一个消息——阿尔贝蒂娜的离别，必须被所有这些不同的自我所把握，每个都处于其所在的瓶子的深处。[3]

---

1 AD, III, 489. 以及 CG1, II, 159, 174–175。

2 CG2, II, 365–366："从这些令人厌恶的符号中，我明白了，最终我正是在亲吻阿尔贝蒂娜的面颊。"

3 AD, III, 430.

在另一个层面上，难道世界不也是如此——即，在统计学的现实之中，"世界之间"是相互分离的，就像是彼此遥远的星体，每个都带有其自身的符号和等级，它们使得某个斯万或某个夏吕斯永远也不会结识维尔迪兰家族，直到结局处的大融合，其中叙述者不再去把握那些新的法则，就像他在那里已经达到了这个相互接近的阈限（在其中所有一切都瓦解并重新成为混沌一团）？最后，同样，话语或语言进行着一种词语的统计学式的分布，解释者从中辨认出极为不同的层次、类别、从属以及借用，它们体现了言说者的联系、他经常往来的场所与人，以及他的隐秘的世界，就像每个词都被放在一个以某种方式被染色的水族箱中，每个箱子里都养着某个种类的鱼，它们超越了逻各斯之欺骗性的统一：这样，某些词不属于阿尔贝蒂娜从前所使用的词汇，它们使得叙述者相信，当步入一个新的年龄段与新的关系中时，她正变得愈加平易近人；或者，换一个令人生厌的表达——"……被打碎了"，她向叙述者呈现了一个令人厌恶的世界。[1]这就是为什么谎言从属于符号语言，逻各斯—真理的对立面：根据被打乱的拼图游戏的形象，词语自身就是世界的碎片，它们和同一个世界中的另一些碎片相一致，但却不与另外世界中的另外一些碎片（我们把它们和这些碎片相邻）相

1　CG2, II, 354–357; P2, III, 337–341.

151

一致。[1]因此，在词语中，存在着一种地理学的和语言学上的根据，用以解释说谎者的心理。

而这就是封闭的瓶子所意味的：只存在统计学上的、缺乏深层意义的总体。"我们心中的爱情和嫉妒都并不是一种连续的、不可分的、单一的激情。它们都是由无数昙花一现的阵阵发作的爱欲和各种不同的嫉妒构成的，只不过由于它们不断地聚集，才使我们产生连续性的印象和统一性的幻觉。"[2]然而，在所有这些封闭的部分中，存在着一个过渡性的体系，不过，我们不能把它和一种直接的相互沟通或总体化的方式混为一谈。正如在梅塞格利丝和盖尔芒特之间，所有的努力都旨在建立起多条横贯线（transversales），这也使得我们能够从一个阿尔贝蒂娜的形象跃向另一个，从一个阿尔贝蒂娜跃向另一个，从一个世界跃向另一个，从一个词跃向另一个，而绝不会重新把"多"引向"一"，把"多"聚集于"一"中，而是肯定这个"多"的原初的总体性，肯定而非整合所有这些不可还原为"全"（Tout）的碎片。嫉妒，是多元性的爱之间的横贯线；旅行，是多元性的场所之

---

1 CS2, I, 278; P1, III, 179. 对于奥黛特，正如阿尔贝蒂娜，普鲁斯特提出了真理的碎片，它们是为了确证一个语言的目的而为被爱者所引入的，却反而揭穿了这个谎言。然而，在针对一个叙述的真或假之前，这种"不一致性"首先针对的是词语自身，它们被整合于同一个句子中，但却具有相当不同的起源和意义。

2 CS2, I, 371–373.

间的横贯线；睡梦，是多元性的时刻之间的横贯线。封闭的瓶子或是根据分离的部分，或是根据相反的方向，或是根据循环（正如在某些旅行或睡梦的情形之中）而被构成。然而，令人惊异的是，即使是循环也不进行环绕或总体化，而毋宁说是形成了迂回和弯曲，形成了离心的圆，它使得原来在左边的转向右边，原来在中心的转向一边。而且，一次火车旅行中所见的所有景色的统一性并不是建立于一个把所有的部分都封闭在内的循环之上，也不是建立于那个不断增殖其自身的被凝视的事物之中，而是建立于一条我们不断经过的从"从一面窗奔向那另一面窗"的路线之上。[1] 的确，旅行并没有使得两个地点之间相互沟通，也没有把它们连接在一起，而只是肯定了它们的差异自身（此种对二者的共同的肯定在不同于被肯定的差异的另一个维度中形成——即，在横贯二者的路线中[2]）。

1　JF2, I, 655："列车拐弯了……我正为失去那片玫瑰色的天空而惋惜，就在这时，我从对面的窗户里再度望见了它，但这一次是红色的。铁路又拐了第二个弯，这片天空又抛弃了对面的窗子。结果我就将时间花在从这一面窗奔向那一面窗中，为的是将我这美妙的、火红的、三心二意的清晨断断续续的片段连接起来，将画面装裱起来，以便有一个全景和连续的画面。"这段文本借助了一种连续性和总体性；但是，关键在于认识到它们是在何处被形成的——不是在观点中也不是在被看到的事物中，而是在从一个窗户到另一个的路线中。

2　JF2, I, 644："旅行所特有的快乐……是使动身与到达地点之间的差异不是尽量使人感觉不到，而是使人尽可能深刻地感受到，在于完全地、完整地感受这种差异……"

叙述者的行动不再是解释、展开一种内容，而是选择、挑选一个彼此不相通的部分、一个封闭的瓶子，以及存在于其中的那个自我。从群体中选择一个少女，选择凝聚于这个少女身上的某个侧面或平面，从她所说中选择某个词语，从她使我们所体验中选择某种痛苦，并且，为了体验此种痛苦、为了破解这个词语、为了爱恋这个女子，从所有可能的自我中选择某个自我，我们赋予它生命或令其重生：这就是和复杂性相对应的行动。[1]这种选择的行动，在其最纯粹的形式中，我们看到它运作于醒来的时刻，当睡梦已使得所有封闭的瓶子、所有封闭的部分，以及所有为寐者经常造访的被囚禁的自我发生旋转。不仅是存在着不同的入睡的房间，它们环绕着正在选择其药品的失眠者的双眼（"曼陀罗、印度大麻、各种乙醚精……之梦"）——而且，所有那些入睡之人"都在其四周萦绕着时间的游丝，年岁和世界的秩序"：醒来的问题就在于从这个睡梦中的房间，从那些在其中所发生的事情中，转向我们所处的那个现实的房间，在所有那些我们在睡梦中刚刚作为、将会作为或已经作为的自我中重新发现那个现实的自我，最后，摆脱睡梦的更高的视

---

1 AD, III, 545-546："在肉体的痛苦中，我们至少可以不必自己去选择痛苦。疾病确定了此种痛苦并把它强加给我们。然而，在嫉妒中，我们必须在所有类型和强度的痛苦中进行选择，直到发现那个看起来令我们满意的痛苦。"

点而重新发现把我们固定于现实之中的联想的链条。[1]我们不会问是谁在选择。确实，没有哪个自我在进行选择，因为被选择是我们自身，因为每次当"我们"选择了一个去爱的人、一种去体验的痛苦的时候，某个自我就被选择了，而当这个自我进入存在或重生时，当它回应着此种召唤之时，它并非更少地感到惊异——当然，它也并非没有处于期待的状态中。这样，当离开了梦境时，"我们不再是任何人了。可是，为什么当我们像寻找遗失的物品那样寻找自己的思想和个性的时候，最终找回来的总是'我'，而不是别人呢？为什么当我们重新开始思考的时候，在我们身上表现出来的仍然是以前的个性呢？我看不出是什么在支配着这种选择，为什么在成千上万个可能的候选人中，偏偏就选中了昨天的我"[2]。确实，存在着一种行动，一种纯粹的解释、纯粹的选择，它同样拥有主体和客体，因为正如它选择了有待解释的事物一样，它也选择了解释者，也即，它既选择了符号，又选择了对其进行解释的自我。这就是进行解释的"我们"："然而，我们甚至不说我们……一个没有内容的我们"[3]。正是因此，睡梦要比记忆更深刻，因为即使是非意愿记忆也仍然

---

1 参见对于梦与醒的著名描绘，CS1, I, 3–9 以及 CG1, II, 86–88。

2 CG1, II, 88.

3 SG2, II, 981.

是与激起它的符号以及已经被它选为将要重生的那个自我联结在一起的，而睡梦是纯粹解释的形象，它被蕴藏于所有符号中并通过所有的官能而被展现。除了一种横贯的统一性，解释并不具有其他的统一性；只有它才是一种神明，其自身所有的一切都是碎片，但其"神圣的形式"却并没有把这些碎片聚合或集中到一起，而是相反把它们带向最高、最剧烈的状态，并阻止它们形成一种整体，但同样也不让它们彼此脱离。《追忆似水年华》的"主体"最终不是任何的自我，而是缺乏内容的"我们"（nous），正是它对斯万、叙述者和夏吕斯进行分配，不是为了将它们整体化，而是为了选择。

我们之前已经看到了那些通过其客观性的方式及主观性的链条而相互区分的符号、对其进行破解的官能，以及它们和本质之间的关联。然而，从形式上来说，所有种类的符号都可以被区分为两种类型：有待解释的敞开的箱子；以及有待选择的封闭的瓶子。并且，如果说符号总是缺乏总体化和整体化的碎片，这是因为与容器维系在一起的内容其自身带有着不可公度性的强力，而与相邻者维系在一起的瓶子其自身则保有着非沟通性的强力。不可公度性和非沟通性一样都是间距，但却是那种把一个纳入另一个中，或使得它们彼此相邻的间距。而时间所意味的不是别的：正是这个非空间性间距的系统，这个相邻者或内容其自身所固有的间距，一种无间隔（intervalle）的间距。从这个方面来看，消逝的时间

156

在相邻的事物间引入间距，而重现的时间则相反在相距的事物间引入某种相邻性，它们以互补的方式进行运作，根据这一点：是遗忘或者记忆在实行着"碎片化的、不规则的增补"。因为，消逝的时间与重现的时间之间的差异并不在于此；而消逝的时间，通过其遗忘、疾病与年龄的力量，并不比（带有着记忆和再生的力量的）重现的时间更少地肯定了断裂的碎片。[1] 无论如何，根据柏格森的原则，时间意味着没有什么是现成被给予的：总体不是现成的。这并不是说，总体"体现"于另一个准确说来是时间性的维度中——如柏格森所理解的，或如那些拥护某种总体化过程的辩证法家们所理解的。而是因为，时间——最终的解释者，也是最终的解释——拥有着某种奇妙的力量，它同时肯定那些并不在空间中构成一个总体的碎片，同样，它们也不通过一种时间中的连续而构成为"一"。时间就是对所有可能空间的横贯，其中也包括各种时间的空间。

1　AD, III, 593. 在那里，是遗忘带有着一种碎片化的增补的力量，它在我们和最近的事件间引入了间距；而在 SG1, II, 757 中，则是记忆在相距的事物间引入了、添加了相邻性。

第三章
《追忆似水年华》的层次

在一个如此碎片化的世界中，并不存在把所有碎片都统合在一起的逻各斯，因此，也就不存在把所有的碎片都归属于一个总体的法则，同样，更不存在着某种有待重新发现或甚至是形成的总体。然而，依然存在着某种法则；不过，它的本质、功能和关联都发生了变化。在古希腊的世界中，法则总是次要的：它是从属于逻各斯的次要性力量，而逻各斯把总体包含于自身中并把它归结为"善"（Bien）。法则，或毋宁说是这些法则，仅仅是支配着各个部分，使它们之间相互配合、接近与联结，并在它们中确立起一种"更好"的联系。同样，这些法则的价值就体现于：它们能够使我们认识某种超越于它们之上的事物，并在其中决定了一种"更好的"形象，也即，"善"通过与某些部分、某个领域或某个时刻相关联而在逻各斯中所体现出来的方面。看起来，现代的反逻各斯的意识已经使得法则经历了某种极端的变革。法则支配着一个由非总体化的、不可总体化的碎片所构成的世界，它由此变成了一种首要的力量。法则所说的不再是善的东西；而更是法则自身所说的东西。顿时，它们获得了一种令人生畏的力量：不再有以某种方式被明确规定的法则，而只有这个法则（la loi），不存在其他的特殊规定性。的确，此种令人生畏的统一性是绝对空洞的，并仅仅是形式性的，因为它没有使我们认识到任何明确的客体、总体、被指向的"善"，以及进行指向的逻各斯。远不是部分之间相互配合并把它们联结在一起，相反地，它使它们相互分开与隔离，并把非沟通性置于相邻者之间，把不可公度性置于容器之中。它没有使我们认识任何东西，但却使得我们认识到它是什么，通过在我们的肉体上留下痕迹，通过已经在我们身上施加刑罚；这里正是一个不可思议的悖论，在接受刑罚之前，我们根本就不知道法律所要求的是什么，我们只有在犯罪的时候才能服从法律，只有通过我们的罪行才能对它做出回应，因为它只能被运用于那些相互断裂的部分并进一步使得它们发生断裂、肢解肉体、剥夺部分。从其自身来说，法律是不可认识的，它只有通过在我们的受刑的肉体上施加更严酷的刑罚才能使其自身被认识。

这种现代的法律意识在卡夫卡那里取得了一种尤其尖锐的形式:《中国长城建造时》揭示了长城的碎片化的特征、其碎片性的建造模式,以及法则的不可认识的特性之间存在着一种根本性的关联,对于法则的确定就等同于一种对罪行所施加的刑罚。不过,在普鲁斯特这里,法则呈现出另一种形象,因为罪行更像是一种表象,它掩藏着一种更深层次的碎片化的真实,而不是自身就作为此种(我们把分离的碎片引向其中的)更深的真实。与卡夫卡那里所呈现出的对法则的忧郁意识相反,普鲁斯特在这个意义上提出了对于法则的类精神分裂(schizoïde)的意识。乍看起来,罪责在普鲁斯特的著作中扮演着重要的角色,根据其本质性的对象:同性恋。爱预设了被爱者的罪责,尽管所有的爱都是一种对证据的争辩,一种对于那个我们明知有罪的人所做出的无罪判决。爱情因此成为一种虚构的无罪宣言,在两种罪责的确定性之间拉扯:一种是爱之所以可能的先天性(a priori)罪责;另一种是标志着爱的实验性终结的罪责。这样,叙述者对于阿尔贝蒂娜的爱就不能不带有对此种罪行的先天性的把握,此种罪行贯穿于他所有的经验和确信中——无论如何,她是清白的,尽管这一信念是完全必要的并且起到了揭示作用:"况且,除了我们在热恋她们的同时她们所犯的过错,还有在我们认识她们之前就有的过错,而所有的过错中最根本的就是:她们的本性。那样的恋爱之所以变得痛苦,实际

160

上是因为这些恋爱中先就存在着一种女人的原罪，一种使我们爱上她们的原罪⋯⋯"[1]"事实上，我不顾理智的否定而选择了阿尔贝蒂娜，爱她，难道这不意味着了解她，连同她的所有丑恶之处吗？⋯⋯当我们感到被这个人所吸引并开始爱他（她）时，就意味着不管我们将其说得如何纯洁无邪，我们已经看出他（她）身上以另一种形式表现出来的背叛和种种过错了。"[2]当这种罪责的先天确信完成了它的旅程，变成经验性的罪责，并取代了阿尔贝蒂娜尽管无辜的经验性信念时，爱情就结束了："渐渐地，一个新念头取代了阿尔贝蒂娜无辜的念头：那就是她有罪的念头。"最终，叙述者只有在不再关心这些过错、不再爱她之后，才对阿尔贝蒂娜的过错获得了确切的认知，而这时，他早已被疲惫和习惯所击败。[3]

更何况，在同性之爱的序列中，罪责更为突出。我们还记得普鲁斯特在把一种男同性恋描绘成受到了诅咒的族类所表现出的力量："这个种族忍受着某种诅咒，他们不得不在谎言和伪誓之中生存⋯⋯失去母亲的儿子⋯⋯无情无义的朋友⋯⋯他们的名声岌岌可危，他们的自由如过眼烟云，一旦罪行败露，便会一无所有，那风雨飘摇的地位"，这种同性

---

1 P1, III, 150–151.

2 AD, III, 611.

3 AD, III, 535.

恋—符号与古希腊相对立，与同性恋—逻各斯相对立。[1] 然而，读者会产生这样的印象，即这种罪行更多的是现象的而非现实的；而且，如果普鲁斯特自己谈到了他的计划的原创性，如果他承认自己曾经历过不同的"理论"，那正是因为他不满足于把一种受诅咒的同性恋特别地孤立出来。所有那些有关受诅咒的或有罪的族类的主题和一个清白的主题相互关联在一起，是根据植物的性征。普鲁斯特的理论的复杂性是重要的，因为它关涉到了不同的层次。第一个层次，是两性之间的爱情所构成的整体，在它们的对比和重复中。第二个层次，这个整体自身分化为两个系列或方向，一个是戈摩尔，它掩藏了每次为所爱的女子所揭示的秘密，另一个是索多姆，它包含着更深地隐藏于求爱者身上的秘密。正是在这里，过错或罪行的观念起支配作用。然而，准确来说，如果说这第二个层次不是最深刻的，那是因为它自身并不比它所瓦解的那个整体更少具有统计学的特征：在这个意义上，罪行更多是被体验为社会性的，而非道德的或内在化的。我们会注意到，在普鲁斯特这里，通常，不仅一个被给予的整体只有统计学的价值，而且，这个整体自身所分化出的两个不对称的方面或两个主要的方向也是这样。比如，叙述者的所有那些"一大批"或"一大群"的爱恋阿尔贝蒂娜的自我形

1　SG1, II, 615. 以及《驳圣勃夫》第十三章："可恶的族类"。

成了一个第一层次的整体；然而，它的两个子群体——"信任"与"猜忌"——则在第二个层次上形成了仍然是统计学的方向，它们遮蔽了第三个层次的运动，即那些独特的粒子的扰动，以及自我扰动（这些自我构成了某个方向之中的群体）[1]。同样，梅塞格利丝那边和盖尔芒特家那边只应该被把握为两个统计学上的"那边"，它们自身又是由一个基本形象的群体所构成。同样，最后，戈摩尔的序列和索多姆的序列，以及与它们相对应的罪行，无疑要比那些异性恋的粗糙表象更精致，但是，它们仍然掩藏着一个最终的层次，后者由基本的器官与粒子的运动所构成。

在两个同性恋的序列中，更使普鲁斯特感兴趣的东西，以及使得这两个序列形成严格互补的东西，正是对于它们之间的分离的预言："两性必将各自消亡。"[2] 而且，如果我们认为两性在同一个个体身上既同时存在又相互分离，那么，箱子和封闭的瓶子的隐喻将会获得它们的全部意义：相邻，但却彼此隔绝、互不相通，正如那个原初的雌雄同体的奥秘。正是在这里，植物的主题获取了它的全部意义，并与某个伟大生命体的逻各斯相对立：雌雄同体不是某个今天已经消失了的动物性的总体的属性，而是在同一株植物身上的两个性

1　AD, III, 489："在每个群体之中，这些元素能够……"

2　SG1, II, 616.

征之间的现实的隔绝："雄性器官通过一个隔膜而与雌性器官相分离"。[1] 而正是在这里，存在着第三个层次：一个给定性别的个体（然而，人们只能在统计学的或总体性的意义上才能具有某种给定的性别）自身带有着他无法与之直接沟通的另一个性别。我们可以想到那些隐藏在夏吕斯体内的少女们，她们最终也会成为祖母。[2]"在某些人身上……那种女子气并不仅仅集中在内心深处，而是显而易见，令人厌恶，一有风吹草动，他们便胆战心惊，像歇斯底里的爆发，听到一声尖笑，也会吓得手脚乱抽"[3]。第一个层次是由异性恋的统计学的整体所界定的。第二个层次是由两个仍然是统计学的同性恋的方向所界定，根据这两个方向，一个处于之前的整体中的个体被指向另一个同样性别的个体——如果他是男性，则参与到索多姆的序列中，如果是女性，则参与到戈摩尔的序列中（奥黛特和阿尔贝蒂娜就是这样）。然而，第三个层次是性倒错的（transsexuel）（"人们非常错误地将其称作同性恋"），因而，它既超越了个体，也超越了整体：它在个体中揭示了两性的碎片之间的共存，那些不相沟通的部

1　SG1, II, 626, 701.

2　SG2, II, 907, 967. 参见 Roger Kempf 的评论, *Les cachotteries de M. de Charlus*, Critique, janvier 1968。

3　SG1, II, 620.

分性的客体（objet partiel）。因而，对于所有的植物来说都是如此：雌雄同体需要一个第三者（昆虫）来使得它的雌性部分或雄性部分受精。[1] 一种异常的沟通发生于一个贯穿被隔离的两性之间的维度中。或毋宁说，它还是更为复杂的，因为我们还将在这个新的平面上重新区分出第二个和第三个层次。事实上，可能发生的是，一个从总体上被确定为雄性的个体，为了使其雌性的部分受精（他自身与这个部分之间不能沟通），寻找着另一个在总体上和他具有同样性别的个体（同样，对于女性和她的雄性部分也是这样）。然而，在某种更深层次的情形中，从总体上被确定为雄性的个体将通过那些部分性的客体而受精，这些客体既可以存在于一个女人中，也同样可以存在于一个男人中。这里就是普鲁斯特所指出的性倒错的基础：不再是一个总体性的与特定性（spécifique）的同性恋（在其中，男性指向男性，女性指向女性，形成两个序列的分离），而是一个局部的、非特定性的同性恋（在其中，男性在女性身上寻找着属于男性的东西，女性又在男性身上寻找着属于女性的东西，而这是在作为部分性客体的两性之间的相互隔离的邻近之中发生的）[2]。

1　SG1, II, 602, 626.

2　纪德，为了某种同性恋—逻各斯的权利而战斗，他批评普鲁斯特说后者只考虑了倒错和女性化的情况。他仍然停留于第二个层次，因而看起来完全没理解普鲁斯特的理论。（同样，那些仍然停留于普鲁斯特那里的罪行的主题的人也是如。）

以下就是这段表面上非常含混的文本，在其中普鲁斯特以非特定性的和局部的同性恋来反对总体的、特定性的同性恋："对那些在儿时极羞怯的人来说，他们几乎从不考虑他们所获得的享受由何种肉体成分所组成，只要能把这种享受与男性的容貌联系起来即可。然而，另一种人则要给他们的肉体享受以严格的定位，其感觉无疑更强烈，这类人也许会因其直言不讳而引起普通人的反感。他们也许不同于前一类人，仅仅生活在土星的卫星之下，因为对于他们来说，女人不像在前一类人眼里那样，被完全排斥在外……后一类人却追逐喜爱女色的女人，她们可为他们提供小伙子，激发他们与小伙子在一起所感受到的乐趣；更有甚者，他们可以以同一种方式在她们身上获取从男人身上享受到的同样乐趣。由此而产生的结果便是，对那些钟爱前一类人的人来说，唯有与男人做爱所享受的乐趣才能激起其嫉妒，仅此乐趣才能构成不忠的行为，因为他们从不主动去爱女人，只是由于习俗的原因勉强为之，为的是给自己保留结婚的可能性，可他们很少想象男欢女爱所能带来的乐趣，因而容不得他们心爱的男人去品尝此种乐趣；后一类人却往往因与女人做爱而引起嫉妒。原因是在他们与女人的关系中，他们为爱女色的女人扮演了另一个女人的角色，而与此同时，女人也差不多给他们提供了他们从男人身上获得的乐趣"[1]。如果说我们把这种性倒错的运动理解为普鲁斯特理论的最终层次，并理解了它与隔离运动的关系，那么，不仅仅是植物的隐喻将被澄清，而且，以下的做法也将显得非常可笑：即质疑，为了把阿尔贝（Albert）转化为阿尔贝蒂娜，普鲁斯特在何种程度上不得不采用了"换位"；而更可笑的是把这种发现当作启示——普鲁斯特肯定与这些女人之间有着某种情爱的纠葛。该是说出真相的时候了：生活不能给予作品或理论以任何东西，因为作品或理论通过某种比所有传记都更深刻的线索而源自那种隐秘的生活。跟随着普鲁斯特在《索多姆和戈摩尔》当中的精彩描述就足够了：性倒错，也即非特定的和局部的同性恋，奠基于性别—器官或部分性客体的相邻性的隔离之上，而这些器官或客体，我们是在总体性的和特定性的同性恋中发现的，后者奠基于性别—人格或整体性序列彼此之间的独立性之上。

嫉妒就是符号自身的谵妄。而且，在普鲁斯特那里，我们将发现对一种嫉妒和同性恋之间的根本性关联的肯定，尽管它对此种关联进行了一种全新的解释。如果说被爱者包含着可能性的世界（斯特马里亚小姐和布列塔尼省，阿尔贝蒂娜和巴尔贝克），那么，重要的就是解释并展开所有这些世

1　SG1, II, 622.

界。然而，这恰恰是因为这些世界的价值仅仅在于被爱者所具有的对于它们的视点，而这个视点则决定了这些世界被包含于被爱者中的方式。求爱者永远无法充分深入这些世界中，如果他不是同时被它们所拒斥的话，因为他只有作为被看到的事物才能归属于这些世界，因而，同样也是作为很难看到的、不清楚的事物，而后者被那种做出选择的更高的视点所排斥的。被爱者的视线把我整合于风景及其周围中，但却同时把我排斥于不可穿透的视点外，而风景及其周围正是根据此种视点才在她之中被形成的："如果她看见了我，我对她又意味着什么？她辨别出我属于哪个世界了吗？这些问题我难以回答，就好像借助于望远镜，在一个相邻的星球上，某些奇怪的生物出现在我们的面前时，我们很难就此得出结论说，有人类居住在那里，他们看得见我们，看见了我们又会在他们心中唤起什么样的观念。"[1] 同样，被爱者赋予我关爱和爱抚，但却同时描绘出一些可能性世界的形象，在其中另一些人已经、正在或将要被关爱。[2] 这就是为何，从第二点上来说，嫉妒不再仅仅是对被包含于被爱者身上的可能性世界（monde inconnaissable）的解释（在这些世界中，其他人和我一样也会被看到和选择），而是对于不可知

1 JF3, I, 794.

2 CS2, I, 276.

的世界的发现，这个世界表象着被爱者自身的视点，并展现于其同性恋的序列中。在这里，被爱者与之相关联的，不再是与其相似的人，而是与自我相差异的人，作为我无法认识的、难以通达的快感的来源："我刚刚着陆的土地，是一片可怕的无名之地（terra incognita），在我眼前展现的是意想不到的痛苦的一个新阶段。"[1] 最后，从第三点上说，嫉妒揭示了被爱者的性倒错的特征，也即，所有那些被遮蔽于其从总体上被确定的明显性征之下的东西，其他那些相邻的、不相通的性征，那些用来使不同的方面相互沟通的奇特的昆虫——简言之，就是对部分性客体的发现，这要比对敌手的发现更为残酷。

存在着一种嫉妒的逻辑，它就是半开的箱子和封闭的瓶子的逻辑。嫉妒的逻辑在于此：监禁、囚禁被爱者。这就是斯万在他对奥黛特的爱终结之时所强加的法则，这也是叙述者在他对母亲的爱之中所已经把握到的法则——那时他还没有运用它的力量，而他最终把这种法则运用于对阿尔贝蒂娜的爱之中。[2]《追忆似水年华》的全部隐藏线索，就是那些神秘的俘虏。监禁，首先就是从被爱者身上清空所有他所包含的可能世界，解释与破解这些世界；然而，它同样也把这些

---

1 SG2, II, 1115.

2 JF1, I, 563. 以及 F, III, 434。

世界归结于包含之点，归结于标志着它们对于被爱者的从属关系的褶层（pli）[1]。接下来，它切断了那个构成了被爱者的不可知的世界的同性恋序列；同样，它还发现了作为被爱者的原罪的同性恋，而我们通过监禁对她进行惩罚。最后，监禁，就是阻止相邻的方面、性征，以及部分性客体在为昆虫（第三者）所经常往来的横贯维度中进行相互沟通，就是把每一方都封闭于其自身中，从而中断那些受诅咒的交换；然而，同样，它也使得二者之间相互邻近，使得它们创造出那些总是出乎我们意料的沟通体系，这个体系创造出了奇妙的偶然性并绕开我们的怀疑（这便是符号的秘密）。在由嫉妒所导致的监禁、窥视的激情以及亵渎的行动之间存在着一种令人惊异的关联：监禁、偷窥和亵渎——这就是普鲁斯特的三位一体。因为监禁恰恰就是处于那种观看但却不被看到的位置，也即，不必冒着为他者的目光所征服的危险，这种目光把我们驱除出那个世界之外，但同时又把我们包括于其中。观看睡梦中的阿尔贝蒂娜正是如此。观看，准确说来就是把他人还原为相邻但却不相通的方面（这些方面构成了他者），并预期了这些相互分隔的部分试图恢复的横贯性沟通。同样，观看被那种使被看见、让看见的欲望所超越，而此种超越是象征性的。使被看见，就是迫使某人接受某种外来

1　P1, III, 172-174.

的、可憎的、令人厌恶的景象的邻近性。它不仅仅是迫使他接受相邻的和封闭的瓶子的形象，以及那些部分性客体（在它们之中，某种反自然的结合方式初显端倪），而且，它还把他自身视作这些客体中的一个，这些必须进行横贯沟通的彼此相邻的方面中的一个方面。

由此产生了普鲁斯特所珍爱的亵渎的主题。凡德伊小姐做爱的时候，把她父亲的照片放在一旁。叙述者把家里的家具放在妓院中。他让阿尔贝蒂娜在母亲的卧室旁边亲吻自己，而这就把母亲还原为一种与阿尔贝蒂娜的肉体相连的部分性客体（语言）的状态中。或者，他梦想把父母放在笼子里面，就像是受伤的小鼠，并使他们遭受那些横贯的运动，后者穿越了他们并令他们惊跳。无论在哪里，亵渎都使得母亲（或父亲）作为部分性客体而起作用，也即，隔离她，使她看到一个邻近的景象，甚至是使她在这个景象之中行动——她不再能中断这个景象并从中摆脱，从而把她和这个景象紧密联结在一起。[1]

弗洛伊德确定了与法则相关的两种根本性的焦虑：针对被爱者的攻击性，一方面招致了一种失去爱人的威胁，另一

---

1 这个在普鲁斯特的著作和生命中如此频繁出现的亵渎的主题，他往往用"信仰"来对其进行表述，比如，CS1, I, 162-164。在我们看来，它毋宁说是指向着一种封闭器皿之间的邻近、隔离和沟通的技术。

方面则引发了一种转而针对自己的罪行。第二个形象赋予法则以一种压抑性的意识，而第一种则是法则的类精神分裂的意识。然而，在普鲁斯特这里，罪行的主题始终是表层的、社会的而非道德的，它向他人进行投射而不是被内化于叙述者中，它被分布于统计学的序列中。另一方面，失去爱人确实界定了命运或法则：爱而不得（aimer sans être aimé），因为爱就意味着对于被爱者中的这些世界的掌握，它们驱逐了我，但也同时捕获了我，它们在那个同性之爱的不可知的世界中达到顶峰——然而，同样，也是不再去爱（cesser d'aimer），因为对世界的清空、对被爱者的解释就导致了那个陷入爱河的自我的死亡。[1]"对被爱者保持冷酷和欺骗"，因为重要的是把他监禁起来，当他不再能看到你的时候却能看到他，然后使他看到那些隔离的场景——而他就是这出可耻的喜剧，或者说就是那个感到震惊的观众。监禁、观看、亵渎：它们概括了所有爱的法则。

　　一般说来，在一个摆脱了逻各斯的世界中，法则影响着那些不构成总体的部分——我们已经看到了这些部分的半开与封闭的本质。远非把它们整合或归并于同一个世界中，法则在它们中测定了差异、远离、间距、隔离，并只在不相通

1　去爱但却不被爱：JF3, I, 927。不再去爱：JF2, I, 610–611；P1, III, 173。对所爱者保持冷酷和欺骗：P1, III, 111。

的瓶子之间建立起异常的沟通，在对所有总体化进行抵制的箱子之间建立起横贯的整体，在一个世界中强行插入另一个世界的碎片，在间距的无限空间中推进那些相互差异的世界与视点。这就是为什么，在其最简单的层次上，法则就像社会法则或自然法则一样出现于望远镜而非显微镜之下。无疑，普鲁斯特借用了那些表达无限小的词汇：面容或毋宁说是阿尔贝蒂娜的面容通过"一种无限微小的轮廓之间的偏差"而彼此差异，而那群少女们的面容则通过"轮廓之间的无限微小的差异"而彼此区分。[1]然而，即使在这里，这些轮廓之间的微小差异的价值也仍然体现于它们所带有的色彩，这些色彩相互差异、分离并改变着维度。《追忆似水年华》所用的工具是望远镜，而不是显微镜，因为无限的间距总是作为无限吸引的基础，而且因为撞击的主题把普鲁斯特的三个形象统合在一起：我们在远处看到的东西、世界之间的撞击，以及部分相互之间的重叠。"不久，我就能拿着几幅草图来了。这些草图谁看了都会莫名其妙。即便是那些对我的真理感知、对我希望过后能镌刻在神庙里的真理感知抱有好感的人都看不懂，他们祝贺我用'显微镜'发现了那些真理，其实恰恰相反，我用了一台天文望远镜才隐隐瞥见一些实在很小的东西，之所以小是因为它们距此遥远，它们每

1　CG2, II, 366；JF3, I, 945–946.

一个都是一个世界。就是在我谈探索伟大法则的地方人们称我是细枝末节的搜集者。"[1]餐馆的大厅里容纳着如此众多的星体，正如那些军人在其周围发动革命的餐桌；那群少女的运动具有不规则的表象，只有通过耐心的观察才能从中得出法则，"狂热的天文学"；被包含于阿尔贝蒂娜之中的世界具有的那些特征，就像是"借助天文望远镜"才能向我们显现的某个星体的特征。[2]而且，如果说痛苦是一个太阳，那正是因为它的光芒一跃之间就跨越了间距，但却并未消除它们。这正是我们已经在相邻性中、在相邻的事物的彼此隔离中所见过的：相邻性并未把间距缩减为无限小，而是肯定并且延伸了一种无间隔的间距，它遵循一种始终是天文学的、望远镜的法则，后者作用于那些不协调的世界中的碎片。

1 TR2, III, 1041.

2 JF3, I, 794, 810, 831.

第四章
三种机器

　　然而，望远镜是有用的。作为供一种"狂热的天文学"使用的精神性的望远镜，《追忆似水年华》并非仅仅是一种普鲁斯特在制造它的同时并且自行使用的工具。它是一种供他人使用的工具，因而其他人必须学会如何使用它："他们不是我的读者，而是他们自己的读者，我的书无非是像放大镜一类的东西，贡布雷的眼镜商递给顾客的那种玻璃镜片；因为有了我的书，我才能为读者提供阅读自我的方法。所以，我不要求他们给我赞誉或对我诋毁，只请他们告诉我事情是不是就是这样的，他们在自己身上所读到的是不是就是我写下的那些话（再说，在一方面可能出现的分歧也不一定纯粹是由我的差错引起的，有时还可能是由于读者的眼睛还不适应用我的书观察自身）。"[1]而且，《追忆似水年华》不仅仅是工具，它还是一部机器。现代艺术作品就是人们所意欲的一切，这个，那个，甚至还有其他的，它的特性甚至就是作为人们所意欲的一切，对人们所意欲的东西进行超规定（surdétermonation），在"行了"（ça marche）的时刻：现代艺术作品是一部机器，并作为一部机器而运转。马尔科姆·劳瑞（Malcolm Lowry）[2]对其小说做了精彩的描述："人们可以把它当作一种交响曲，或一种歌剧，甚至是一种西部歌舞剧；它是爵士乐、是诗歌、是一首歌、一部悲剧、一场喜剧，以此类推……它是一个预言、一个政治宣言、一封密码信、一部怪诞的电影，以及一句 Mane-thecel-pahres[3]。人们甚至可以把它当作一种机器装备；而且它确实起作用，请确信这一点，因为我已经做过实验"[4]。当普鲁斯

---

1 TR2, III, 1033. 以及 III, 911："然而，另外有些特殊情况（例如倒错）可能造成读者需要用某种方式才能读懂；作者不应该为此而气恼，相反，给读者留有最大的回旋余地，对他说：您自己看吧，用这块镜片是不是能看得清楚，或者这一块，要么那一块。"

2 20 世纪英国著名作家，代表作有《在火山下》。——译注

3 Mane-thecel-pahres 是铭刻在廊柱之上的三个预言性的词语，用来预言某事物大限已到。据《旧约·但以理书》记载，巴比伦最后一个国王伯沙撒在宴请他的大臣时，突然出现一只手在墙上写下这三个字，意思是："计算过，称量过，将分裂"，暗示："你国运数已尽，你本人缺德少才，这个国家将要分裂"。——译注

4 Malcolm Lowry, *Choix de lettres*, Denoël, p. 86-87.

特建议我们不要读他的书，而要利用它来阅读我们自己的时候，他所说的正是这个意思。在《追忆似水年华》中并没有一部奏鸣曲或一部七重奏，而《追忆似水年华》本身就是一部奏鸣曲，就是一部七重奏，还是一部轻喜剧；而且，普鲁斯特补充说，它还是一座教堂、一件外衣。[1] 它是一个对性别的预言，是一个发自德雷福斯案件及十四年战争背景而向我们传达的政治宣言，是一封把我们所有的社会的、外交的、战略的、性爱的、美学的语言进行解码和再编码的密码信，是一部关于《囚徒》的西部片或荒诞片、一句 Mane-thecel-pahres 式的预言，一本社交手册、一篇形而上学论文、一种符号和嫉妒的谵妄，以及一项矫正官能的训练。只要我们能够使得整体起作用，只要"它起作用，请确信这一点"，它就是我们所意欲的一切。与逻各斯相对立的，与那些我们必须从其所归属的总体之中去发现其意义的器官和工具（organon）相对立的，正是反逻各斯、机器与机器装备——它们的意义（所有那些我们意欲的）只依赖于功能，而其功能，只依赖于相互分离的部分。现代的艺术作品没有意义的问题，它只有一种用法的问题。

为什么是一部机器呢？这是因为，被如此理解的艺术作品从本质上来说是生产性的，生产某些真理。没有谁像普鲁

1　TR2, III, 1033.

斯特这样坚持以下这一点：真理是被产生出来的，它是被那些在我们之中运作的机器所产生的，它从我们的印象中被提取出来、从我们的生活中被挖掘出来、在一部作品中被呈现出来。这就是为什么普鲁斯特如此有力地拒斥了一种非生产性的真理的状态——这种真理仅仅是被发现的，或者说，是被创造的，以及是作为一种思想的状态——这种思想的前提就是把理智置于优先的地位，并把其所有的官能都集中于一种与发现或创造相对应的有意识的用法中（逻各斯）。"由纯粹理智所形成的观念只有一种逻辑的真理，一种可能性的真理，对于它们的选择是独断的。并不由我们涂写出来的形象文字的书是我们唯一的书。那倒不是因为我们使之成形的那些概念在逻辑上不可能是正确的，而是我们不知道它是否真实。"而且，创造性的想象力也并不比发现性的或观察性的理智更有价值。[1]

我们已经看到，普鲁斯特以何种方式重新提出了柏拉图式的创造—回忆之间的等价关系。然而，回忆与创造无非是同一种生产过程的两个方面而已——"解释""破解""翻译"在这里就是此种生产过程本身。正是因为艺术作品是一种产品，它所提出的特殊问题不是有关意义，而是

---

1 TR2, III, 900："一个生来就是感性的并且不具备想象的人却能够写出令人赞叹的小说。"

有关用法。[1] 即使是思想，也应该在思想中被产生。所有的生产皆始发于印象，因为只有印象才能在其自身中兼具相遇的偶然性与效果的必然性（那种它使我们所承受的强力）。所有的生产因而皆始发自某个符号，并预设了非意愿的深度和模糊性。"想象和思想其自身可以是令人赞叹的机器，然而它们是惰性的；于是，痛苦使它们开始运转。"[2] 因而，我们已经看到，根据其本性，符号推动了某种官能而不是全部官能，并把此种官能推向其无意识的和分离的运动的极限——由此它得以产生意义。一种符号的分类向我们揭示了在某种情形之中所参与的是哪些官能，所产生的又是何种意义，尤其是普遍的法则或独特的本质。无论如何，在符号的限定下被选出的官能构成了解释；而根据所处的情形，解释又产生出意义、法则或本质，始终是一种产物。这是因为，意义（真理）绝不会处于印象中，也不会处于记忆中，而是与记忆或印象的"精神性的等价物"结合在一起，后者是解释的非意愿的机器所产生的。[3] 正是这个精神性等价物的观念奠定了回忆和创造之间的新的关联，并以生产的过程作为

1　关于生产概念及其与文学之间的关系，参见 Pierre Macherey, *Pour une théorie de la production littéraire*, Maspéro。

2　TR2, III, 909.

3　TR2, III, 879. 即使是仍然太过物质性的回忆也同样需要一种精神性的等价物：参见 P2，374–375。

艺术作品的基础。

《追忆似水年华》正是一种对所探寻的真理的生产。然而，并不存在单一的真理，而是存在着不同层次的真理，正如存在着不同的生产方式。存在着重现的时间的真理与消逝的时间的真理——这么说是不充分的。因为，终极的宏大体系化所区分出的，不是真理的两种类别，而是三种。的确，第一种看起来与重现的时间相关，因为它包含了所有自然回忆和审美本质的情形；而第二种与第三种看起来则在消逝的时间的流动中相互结合在一起，并产生出仅仅是次要的真理，后者被说成或是被"置入"，或是"嵌入"，或是"加固"了那些第一种类的真理。[1]材料的划分与文本的运动迫使我们将三种秩序区分开来。第一种是通过回忆和本质而被界定的，也即，通过最独特的事物，通过与其相对应的重现的时间的生产，通过此种生产的条件和动因（自然的与艺术的符号）。第二种并非更少地与艺术和艺术作品相关；然而，它把愉悦和痛苦结合在一起，这些愉悦和痛苦自身不是完备的，而是指向另外的事物，即使这另外的事物及其目的仍然未被把握——它们就是社交符号及爱的符号，简言之，所有那些从属于普遍性的法则并介入消逝的时间的生产中的事物（因为消逝的时间自身也同样是一种生产）。最后，第三种所

1　TR2, III, 898, 932, 967.

涉及的始终是艺术，然而却是通过普遍的变化、死与死的观念，以及灾变的产生而得到界定的（衰老、疾病和死亡的符号）。至于文本的运动，它与第二种真理辅助或"嵌入"第一种真理的方式不同［第二种真理在另一个生产的领域中与第一种真理形成了某种对应，并为后者提供了某种对立推理（*a contrario*[1]）的论证］，即，第三种真理无疑也"嵌入"并"加固"了第一种真理，但却与后者相对立，并提出了一种真正的"反驳"，它将"超越"前两种生产的类别。[2]

所有的问题都存在于这三个类别的本质中。如果我们不依据重现的时间的类别（它必然要把最终呈现的视点置于优先的地位），我们就应该把不完备的痛苦和愉悦视作基本的类别，它们具有不确定的目的，并从属于普遍法则。然而，奇怪的是，普鲁斯特在这里把社交圈的价值与浅薄的愉悦、爱的价值与痛苦，乃至睡眠的价值与梦幻结合在一起。在一个作家的"使命"中，它们构成了完整的"学徒期"，也即，

---

1 拉丁文，即如果从相反的前提出发，就会得出相反的结论的推理方法。——译注

2 《追忆似水年华》的结构（由"在盖尔芒特夫人家的上午"开始）因而就是：1. 独特的回忆和本质的类别，作为艺术作品的第一个维度，TR2, III, 866-896；2. 向痛苦和爱的转化，根据整部艺术作品的要求，III, 896-898；3. 愉悦和痛苦的类别，以及它们的普遍法则，作为艺术作品的第二个维度，它肯定了第一个维度，III, 899-917；4. 向第一个维度的转化和回归，III, 918-920；5. 变与死的类别，作为艺术作品的第三个维度，它否定了第一个维度，但却超越了对立，III, 921-1029；6. 这本书（Livre）及其三个维度，III, 1029-1048。

熟悉一种原材料——我们只有在之后的最终产品中才能辨认出它。[1] 无疑这些是极为不同的符号，尤其是社交的符号与爱的符号，然而我们已经看到，它们的共同点就在于对它们进行解释的官能——理智，然而却是一种滞后而非提前的理智，它受到符号的限制和驱迫，而且，在与这些符号相对应的意义之上：始终存在着一种普遍的法则，它或是一个群体的法则（正如在社交圈之中），或是被爱者的序列的法则（正如在爱情中）。然而，它还涉及粗糙的相似性。如果我们更深入地思索这第一种机器，我们就会看到，它首先就是一种对部分性客体（正如它们在前面被界定的那样，作为不构成总体的碎片、碎裂的部分、不相通的瓶子，以及相隔离的景象）的生产而得到界定。而且，如果说始终存在一种普遍的法则，那么，在普鲁斯特那里，法则具有特殊的意义，它不再把部分构成为一个总体，而是相反地调节着间距、分离及隔离。如果说睡眠中的梦幻在这个群体中显现，那正是通过它们能力而使碎片相互撞击、差异的世界相互缠绕、解放而非消除"巨大的间距"[2]。我们梦见的那些人物失去了他们的总体性的特征，并被视作部分性客体，或者说，他们的某个部分被我们的梦境提取出来，又或者，他们完全就是作为

1　TR2, III, 899–907.

2　TR2, III, 911.

这样的客体而运作。然而，这正是社交素材所给予我们的：正如在一个浅薄的梦境中，有可能从一个人的身上提取出肩膀的某种运动，或从另一个人身上提取出头颈的运动，不是为了把它们总体化，而是为了把它们相互分隔。[1]而且，爱的素材，在其中每个被爱者都作为部分性客体，作为一个神的"碎片性的映像"（在其中我们在总体性的人格下把握到那些相互隔离的性别）而运作。简言之，在普鲁斯特那里，普遍规律与部分对象的生产和群体的真理或序列的真理的生产是密不可分的。

第二种类型的机器产生共振及共振的效果。最著名的是非意愿记忆的共振，它形成于两个时刻之间——一个是当下的，一个是过去的。然而，欲望自身就具有共振的效果（因此马丹维尔的钟楼并不是一种记忆的情形）。而且，艺术所产生的并不是记忆的共振："某些模糊的印象曾以另一种方式刺激起我的思维。它们似隐约的回忆，但并不隐藏往昔的某个感觉，而是以一条新的真理，一个我力求揭示的可贵的形象，通过我们为回忆起什么东西而作的那种努力"[2]。正是艺术"通过某种意义相反的词的组合这种无法形容的关联"[3]

1　TR2, III, 900.

2　TR2, III, 878.

3　TR2, III, 889.

使得两个远离的对象产生共振。我们不认为这种新的生产类别预设着之前的部分性客体的生产，并建立于后者之上；这就曲解了这两种类别之间的关联，因为此种关联与基础无关。这种关联毋宁说是作为充实的时间和空洞的时间之间的关联，或者，从生产的观点来看，是作为重现的时间的真理和消逝的时间的真理之间的关联。共振通过它所发动的进行获取和解释的官能，通过其产品的性质以及生产的模式而被区分为不同种类：不再是一种群体或序列的普遍法则，而是一种独特的本质、局部性的本质，或在回忆的符号的情形中被局部化、在艺术的符号的情形中被个体化的本质。共振并不建基于那些由部分性客体提供给它的碎片之上；它也并不把那些来自别处的碎片总体化。它抽取出其自身所固有的碎片，并根据它们各自的目的而使其共振，然而，不把它们总体化，因为，重要的始终是进行一次"肉搏"，一场"战斗"或一次"战役"。[1] 而由共振的过程在共振的机器之中所产生的，正是独特的本质，高于两个共振的时刻的"视点"，它摆脱了那个联结二者的联想链条：在其本质中的贡布雷，就像它从未被体验过的那样；作为"视点"的贡布雷，就像永远也不会被看到的那样。

我们在前面已经看到，消逝的时间和重现的时间具有一

1　P2, III, 260; TR2, III, 874.

个片断性的和碎片化的结构。它们的区别并不在于此。而且，认为消逝的时间在其类别中是非生产性的，或认为重现的时间是一种在其自身中的总体化——这两种观点都同样是错误的。相反，在这里存在着两种互补性的生产过程，每种都通过它所分裂出的碎片、它的运作方式及产品，以及它所包含的充实或空洞的时间而被界定。这也是为何普鲁斯特没有看到二者之间的对立，而是把部分性客体的生产界定为对共振的生产的辅助和嵌入。因此，作家的"使命"就不单单是由学习或不确定的目的所构成（空洞的时间），而是由出神（l'extase）或最终目的（充实的时间）所界定。[1]

普鲁斯特的新颖之处，以及构成了"玛德莱娜小蛋糕"的永恒成就和含义的东西，并不在于这些出神或被突出瞬间的简单存在。关于这样的瞬间，文学已经提供了不可胜数的例证。[2] 这不再仅仅是普鲁斯特在其风格中对它们进行表现和分析的原创性方式，而毋宁说是他对它们进行生产的事实，以及这些瞬间成为一种文学机器所产生的效果的事实。由此产生了在《追忆似水年华》结尾处的共振的增殖，在盖尔芒特夫人那里，就好像这部机器显示出其完备的运行状

1　对于共振的出神性的特征，参见 TR2, III, 874-875。

2　参见 Michel Souriau 的精彩分析，"La matière, la lettre et le verbe", *Recherches philosophiques*, III。

态。重要的不再是一种作家所获得的或从中获益的超—文学（extra-littéraire）的经验，而是一种由文学所产生的艺术实验、一种文学的效应——正如我们所说的电学效应、电磁效应，等等。它是这样一种情形，在其中始终要说：这个能行。艺术作为一种用于生产，尤其是用来产生效应的机器，普鲁斯特对此有着最强烈的意识。它们是作用于他人的效应，因为读者或观众开始在其自身之中或之外发现了那些效应，它们和艺术作品所产生的效应相似。"妇女们在街上行走，和昔日的妇女截然不同，因为她们是雷诺阿的妇女，从前，我们是拒绝承认他画上的妇女的。车子也是雷诺阿的车子，还有大海和天空。"[1] 正是在这个意义上，普鲁斯特说他自己所特有的书是眼镜、一部光学仪器。在普鲁斯特已经对他所描述的共振进行阐释之后，只有愚钝之人才会想吹毛求疵地对与之相类似的现象进行验证。只有书呆子才会追问这些是否就是记忆倒错、选择性记忆（ecmésie），或记忆过载（hypermnésie）的情形，但是普鲁斯特的原创性却在于，他在这个传统的领域中进行了某种划分，发现了某种机制，而这些在他之前都是不存在的。然而，重要的不仅仅是对他人所产生的效应。正是艺术作品在其自身中，并对其自身产生了其特有的效应，它充满着这些效应并从中汲取营养：

1　CG2, II, 327.

它从它所产生的真理中汲取营养。

必须明白：这里所生产出来的，不仅仅是普鲁斯特对共振现象所进行的解释（"对于原因的探寻"）。或毋宁说，现象自身就是解释。当然，现象具有一个客观性的方面，例如，"玛德莱娜小蛋糕"的味道，作为两个时刻所共有的性质。当然，还有一个主观性的方面：把体验过的贡布雷的整体与这种味道相关联的联想链条。然而，如果说共振就像这样具有主观性的和客观性的方面，那么，它所产生的东西就完全是另外一种性质的，即本质（Essence），精神的等价物，因为这个贡布雷是永远不会被看到的，是摆脱了联想链条的。这就是为什么生产不同于发现和创造；整部《追忆似水年华》就被对事物的观察和主观的想象相继改变着方向。而且，《追忆似水年华》越多地进行此种双重否弃和双重纯化，叙述者就越能意识到，共振不仅仅产生一种审美效应，而且它自身也可以生产出来，成为一种艺术的效应。

当然，叙述者一开始并不知晓这一点。然而，整部《追忆似水年华》意味着一种艺术和生活之间的争论，一种对它们的联系所进行的追问，而直到书的结尾，这个问题才得到回答（它所得到的回答恰恰就在这个发现之中：艺术不仅仅是发现者或创造者，而是生产者）。在《追忆似水年华》的进程中，如果说作为出神的共振呈现为生活的最终目的，我们就看不出艺术能对其增加什么，而叙述者也就在艺术中验

187

证了那些最深刻的怀疑。因而，共振呈现为某种效应的生产者，然而却是在给定的、主观的及客观的自然条件中，并借助我们的非意愿记忆的无意识机器。然而，在结尾处，我们看到了艺术能为自然增加什么：它自身产生共振，因为风格使得两个任意的客体发生共振，并从中形成一个"珍贵的形象"，它把无意识的、自然的产物的确定的条件替换为一种艺术生产的自由的条件。[1] 由此，艺术就呈现为它所是，即生活的最终目的，而生活本身无法实现这个目的；而且，非意愿记忆只利用被给予的共振，它无非就是一种艺术在生活中的肇始、一种最初的阶段。[2] 仍然是过于滞重的自然或生活，在艺术中找到了它们的精神性的等价物。而非意愿记忆也找到了其精神性的等价物，即被生产的且具有生产性的纯粹思想。

因此，所有的兴趣都从被强调的自然的瞬间转向那个能够对它们进行生产和再生产的、进行增殖的艺术机器：书本。从这个观点上看，我们所看到的正是与乔伊斯及其神显（épiphanies）的机器之间所可能进行的比较。因为，乔伊斯同样开始于在客体中、在有含义的内容或观念性的含义中

---

1 TR2, III, 878, 889.

2 TR2, III, 889："自然本身，从这点看来，难道不正是通向艺术吗？它不是艺术的开端吗？"

探寻神显的秘密，然后转向一个审美者的主观经验。只有当有含义的内容及观念性的含义由于一种碎片和混沌的大量增殖而瓦解，以及主观性的形式由于一种混沌而多样的非人格性（impersonnel）而瓦解时，艺术作品才能获得它的全部意义，也即，恰恰就是那些我们根据其功能而意欲的全部意义——最关键的就是，它起作用，请相信。于是，艺术家，以及随之而来的读者，就是那个进行"解开"（disentangle）和"再—具体化"的人：通过使得两个客体发生共振，创造出了神显，把珍贵的形象从决定它的自然条件中抽离出来，以便把它重新体现于被选出的艺术条件中。[1]"所指和能指通过某种诗学上必要，但本体论上却是无根据的和出乎意料的短路而相互融合。被编码的语言并不指向一种外在于作品的客观宇宙；对于它的理解只有在作品的内部才有价值，并为其内部的结构所限定。作为总体的作品提出了它所从属的新的语言学规则，并自身成为理解其特有密码的关键。"[2]更重要的是，作品之所以成为一个"整体"，并赋予这一新意义，正是依赖这些新的语言学规则。

普鲁斯特的第三个生产类别还有待解释，即普遍变化和

1　参见乔伊斯，《英雄斯蒂芬》（我们已经看到，这在普鲁斯特那里也是同样的，而且，在艺术之中，本质自身决定了它实现的条件，而不再依赖于给定的自然条件）。

2　Umberto Eco, *L'Oeuvre ouverte*, Édition de Seuil, p.231。

死亡。在盖尔芒特夫人的沙龙中，随着她的客人们逐渐衰老，我们目睹了面部特征的扭曲、动作的碎片化、肌肉的不协调、肤色的变化、苔藓和地衣的生长、身上的油点——这些都是迷人的伪装、迷人的衰老。到处都是死亡的临近，都是对某种"可怕事物"的在场的感情，对世界的某种最后终结乃至最后灾难的印象，这个世界不仅仅被遗忘所支配、还被时间所侵蚀（"抵制性的机器因为弹簧或松或断而不再起作用"……）[1]。

然而，这个第三个类别的问题更加突出，因为它似乎介入了前两个类别。在极乐体验（出神）中，难道不是已经存在着警策性的死亡观念和以全速远离的过去时刻的滑动？这样，当叙述者为了解开他的高帮鞋而俯身时，所有一切的开始正像处于出神状态中，当下的时刻和过去的时刻形成共振，使得外祖母在俯身的过程中复活；然而，愉悦让位给一种难以承受的痛苦，两个时刻之间的结合就瓦解于一种过去时刻的狂乱的逃逸、一种死和虚无的明确性。[2]同样，前两个类别中不同时期的自我，或者甚至每一次的爱情，已经包含了一整套关于自杀和死亡的漫长理论。[3]然而，前两个类

---

1 TR2, III, 957.

2 SG1, II, 758.

3 TR2, III, 1037.

别却没有提出它们之间的协调这个具体问题，尽管一个再现着空洞的时间，而另一个再现着充实的时间，一个再现着消逝的时间，而另一个再现着重现的时间，但现在，恰恰相反，在第三个类别和其他两个类别之间有待建立起一种协调，以便超越它们之间的对立（这就是为什么普鲁斯特在这里谈到了对其工作的"最重要的反驳"）。第一个类别中的那些部分性的自我和客体通过相互之间的对立和关联而承载起死亡，但其中任何一个都对另一个的死亡无动于衷：因此，它们还没有得出这样的死亡的观念——它同样包含了所有碎片，并把它们带向整个世界的最后的终结。由此，在第二类别的持存和第三类别的虚无之间呈现出一种"对立"；在"不变的记忆"和"变化的在者"之间，以及在出神的最终目的和灾难的最后终结之间的"对立"。[1] 此种对立并未在对外祖母的记忆中得到解决，而是相应地更需要一种深入挖掘："这个痛苦的，事实上是难以理解的印象，我不确定是否有一天能够从中获得些许的真实，但我知道，如果我们能够从中获取这些许的真实，那它只能是如此独特和自发的，它不能被我的理智所规定，也不能被我的胆怯所削弱，它就是死亡自身，就是死亡的突然呈现，就像闪电在我心中劈开裂痕，形成一种超自然和非人的图案，一个双重的、

1　SG1, II, 759–760; TR2, III, 988.

神秘的沟痕"[1]。对立在这里以最尖锐的形式出现：前两个类别是生产性的，因此，它们之间的协调没有导致任何具体的问题；然而，第三个类别，被死亡的观念所支配，看起来是绝对灾难性的和非生产性的。我们是否可以构想出一种机器，它能够从这种令人痛苦的印象中获得某种事物并产生某些真理？只要我们无法构想它，文学就会遭遇到"最严重的反对"。

那么，此种死亡的观念，与第一种类别所具有的攻击性完全不同（有点像是在精神分析中，死亡本能与部分性的毁灭冲动相区分），又存在于何处呢？它存在于某种时间的效应中。两种状态被给予同一个人，一个是我们所回忆起来的过去的状态，另一个则是现实的状态，对于从一个向另一个所进行的衰老过程的印象就导致了这样的效应：即把过去的状态向后推进"某个不仅仅是遥远的，而且几乎是不真实的过去之中"，就好像地质学上会消逝的某个时期一样。因为"在对逝去时间的考量之中，唯第一步难以迈出。首先我们会感到难以想象已经过去了那么长时间，然后又很难相信时间没有过去得更多一些。我们从不曾想到十三世纪已经是那么遥远，后来又很难相信十三世纪的教堂竟然保存了下来"[2]。这

1　SG1, II, 759.

2　TR2, III, 933.

样，从过去向当下的时间运动就同时也是一种相反意义上的具有更大振幅的强制运动，后者驱散了两个时刻，突出了二者之间的间距，并把过去向后推向更远的时间中。正是这第二种运动在时间中构成了一种"界域"（horizon）。不能把它和共振的回声混为一谈；它使时间无限膨胀，而共振则使时间无限收缩。因而，死亡的观念与其说是一种断裂，毋宁说是一种混合或融合的效应，因为强制运动的振幅既被生者也被死者（以及所有那些将死者、半死者，或行将入土者）所占据。[1]然而，这种半死的状态也恰好是巨人的体态，因为，在这种巨大幅度的范围内，我们可以将人们描述为怪物般的存在，他们"在时间中占据了那么巨大的地盘，相比之下在空间中为他们所保留的位置是那么狭隘，相反，他们却占有一个无限延续的位置，因为他们像潜入似水年华的巨人，同时触及间隔甚远的几个时代，而在时代与时代之间被安置上了那么多的日子——那就是在时间中"[2]。同样由此，我们已经非常接近对反驳或对立的消除。死亡的观念不再是一种"阻碍"，因为人们可以把它归属于一种生产的类别，并因而在艺术作品中给予它应有的位置。振幅巨大的强制运动是一种生产倒退效应和死亡观念的机器。而且，在此

---

1 TR2, III, 977.

2 TR2, III, 1048.

种效应中，时间自身变成可感知的："通常并不可见的时间，为了能够变成可见的，就寻找着肉体，并且，在所有它与肉体相遇的地方，都攫取了肉体以便在它们身上展示其神奇之灯"，根据其"不可思议的维度"，使得一个老去的面容的局部和特征相互分离。[1]第三个类别的机器和前两个类别相互结合，它生产了强制运动，并由此生产了死亡的观念。

在对外祖母的回忆中发生了什么？一种强制运动和一种共振结合在一起。带有死亡观念的振幅清除了这些共振的瞬间。然而，在重现的时间和消逝的时间之间如此强烈的对立就得到解决，因为我们可以把二者中的任何一个归属于其生产的类别。整部《追忆似水年华》通过三种机器在书写过程中实现生产：部分性对象的机器［"冲动"（pulsion）］、共振的机器［"爱欲"（Eros）］，以及强制运动的机器［"死亡冲动"（Thanatos）］。每种机器都生产真理，因为真理本来就应该是被生产的，并被作为一种时间的效应而产生：消逝的时间，通过部分性客体的碎片化；重现的时间，通过共振；另一种方式的消逝的时间，通过强制运动的振幅，这种消逝因而就在作品中发生并成为其形式的条件。

1　TR2, III, 924–925.

第五章
风格

　　然而，确切说来，这种形式是什么呢？而且，真理或生产的类别、这些机器，又是怎样在彼此中形成的呢？任何一个都不具有总体化的功能。最关键的就是，《追忆似水年华》的各个部分始终是碎片性的、片段性的，但它们却不缺乏任何东西：由时间所驱动的永远是部分性的部分、打开的箱子、封闭的瓶子，它们并不通过预设"一"（un）而形成总体，而且，在这种分裂中并未缺乏任何东西，它们预先就否弃了所有那些人们想要在其中引入的有机整体。当普鲁斯特把他的著作比作一座教堂和一件外衣的时候，这并不是为了依赖某种作为完备总体的逻各斯，而相反地为了行使一种未完成、缝合、修补的权利。[1]时间不是一个总体，理由很简单：它自身就是那个阻止总体形成的瞬间。这个世界没有可以作为系统化依据的意义内容，也没有可以用来组织和层级化的理想意义。主体也不再拥有联想链条，后者能够包容世界或用一个整体来取代它。转向主体的方面并不比对客体的观察更有成效："解释"同样消除了二者。而且，所有的联想链条都为了一种主体的更高的视点而发生断裂。然而，这些对世界的视点、这些真正的本质，并未形成一个整体或一个总体：我们宁愿说，每个视点都对应着一个世界，它不与其他世界相通，并肯定了它们之间的那种不可还原的差异（它与天文学上的世界之间的差异一样深刻）。在艺术中也是如此，在其中，这些视点是最纯粹的，"艺术家就像是一个异国的公民，身处这个国家，但却对它毫无所知，不放在心上，但是他又不同于刚刚远航到岸，登上这片国土的另外一位艺术家"[2]。对于我们来说，正是这一点界定了本质的地位：

1　TR2, III, 1033-1034.

2　P2, III, 257. 这正是艺术的力量："只有借助艺术，我们才能走出自我，了解这个世界里的他人，在与我们不同的世界里看到了些什么，否则，那个世界上的景象就会像月亮上有些什么一样为我们所不知晓。幸亏有了艺术，才使我们不只看到一个世界、我们的世界，才使我们看到世界增殖，而且，有多少个敢于标新立异的艺术家，我们就能拥有多少个世界，它们之间的区别比已进入无限的那些世界间的区别更大⋯⋯"（TR2, III, 895-896）。

个体化的视点要高于个体自身，它摆脱了后者的联想链条，它出现在这些锁链旁边，以一个封闭的部分体现出来，毗邻于它所支配的事物，并紧挨着它所展示的对象。教堂，作为高于风景的视点，分隔了此种风景，并在一条迂回的途径中将自身呈现为被分隔出的最终部分，它与那个由它所界定的序列相邻。这就是说，本质，与法律一样，缺乏将自身整体化或总体化的力量。"一条江从一座城市的桥下流过，从那样一个视点取景，这条江竟然显得完全支离破碎了，这里摆成湖，那么细如网，别处又由于安插了一座树木覆盖山顶的小丘而折断，城中的住户晚上到这山顶的树林中来呼吸夜晚凉爽的空气。这座动荡的城市，其节奏本身，只通过钟楼那不折不弯的垂直来表现。钟楼并不伸向天空，通过垂直的直线，就像在凯旋进行曲中一样表明生活的节奏，似乎在自己的身躯下悬挂着沿着折断、压碎的江流笼罩在薄雾中的楼房那更模糊的整个一大片。"[1]

这个问题由普鲁斯特在很多层次上所提出：什么东西构成了一本著作的统一性？什么东西使得我们与一本著作相"沟通"？什么东西构成了艺术的统一性，如果说确实存在着某种统一性的话？我们已经不再去探寻一个统合不同部分的统一性、一个把不同的碎片总体化的整体。因为，部分

---

1 JF3, I, 839-840.

或碎片的本性与本质就是排斥逻各斯，排斥逻辑的总体与有机的整体。然而，存在着，应该存在着一种统一性，它是此种"多"、此种多样性所形成的统一性，作为这些碎片所构成的整体：一个"一"或一个整体，它不是原则，相反，它是"多"及其碎裂的部分所形成的"效应"。"一"或整体，它作为效应而发生作用，作为机器的效应，而不是作为原则。一种沟通，它不是作为原则而被提出，而是作为机器及其相互分离的部分、不相通的部分之间的游戏的结果。从哲学上说，是莱布尼兹首次提出了这个问题——即封闭的部分或那些不相通者之间所形成的某种沟通：怎样理解那些没有窗的"单子"之间的沟通？莱布尼兹所做出的回答就是：封闭的单子都拥有同样的内容，它们包含并表达着体现于其无限的谓词序列中的同一个世界，它们之中的每一个都满足于拥有某个清晰表达的区域，它与其他单子所拥有的区域相互区别，因而，所有单子都是对上帝使它们包含的同一个世界的不同视点。因而，莱布尼兹的回答就在一个上帝的形式之下恢复了一种先在的统一性或总体性，这个上帝在每个单子中都置入了同样的世界的内容或信息（"先定和谐"），它在这些孤独的单子之间奠定了一种自发的"一致性"。而根据普鲁斯特，却不再是如此，在他看来，与对世界的视点相对应的是如此众多的分殊的世界，而统一性、总体性、沟通只能是机器所产生的结果，并不

198

构成某种先定的内容。[1]

再次强调，艺术作品的问题在于寻找一种既非逻辑性的，也非有机性的统一性和整体性：这既不是作为丧失的统一性或破碎的整体性而被部分所预设的，也不是在逻辑发展或有机演变过程中由部分形成或预先塑造的。普鲁斯特对这一问题的认识尤为深刻，他将其源头追溯到巴尔扎克，后者成功地提出并赋予了艺术作品一种全新的形式。正是误解了巴尔扎克的天才，我们才会认为他在创作《人间喜剧》之前就拥有某种模糊的逻辑性统一构想，或者认为这种统一性随着作品的推进自然形成。事实上，巴尔扎克的统一性是作品的效应，并且是他通过作品发现的。"效应"并非幻象："当他给他的所有作品投去回照的光芒时猛然间发现，如果这些作品组成一个序列效果会更好，在这个序列中相通人物可以重新出现，为了衔接这些作品，他给自己的作品增添了最后的，也是最出色的一笔。这个整体是后来才形成的，但并非仿造的……并非仿造的，也许，正因为它是后来形成的，才更为真实……"[2] 之后才形成的对于总体性的意识或发现并没

---

1 普鲁斯特当然读过莱布尼兹，不过不是在哲学的课堂中：圣卢，在其对战争与战略的理论中所借助的正是一种莱布尼兹的原则（"你还记得这本我们在巴尔贝克一起读过的哲学书……"CG1, II, 115—116）。更普遍地说，在我们看来，普鲁斯特所提出的独特的本质更接近莱布尼兹的单子而不是柏拉图的本质。

2 P1, III, 161.

有改变这个"一"自身的本质与功能——这种信念是错误的。巴尔扎克的"一"或整体是如此的独特，以至于它们来自部分，但却没有改变后者所具有的碎片性或不一致性，因而，巴尔贝克的龙或凡德伊的乐句，它们自身的价值就在于作为这样的部分，它置于其他部分的旁侧并与它们相邻：总体性"作为这样的被单独构成的片断而出现（不过这次是适用于整体）"，作为画笔所留下的局部化的最后一笔，而并非全面的着色。因而，从某种意义上来说，巴尔扎克是没有风格的：并非像圣勃夫所认为的那样"无所不包"，而是因为他的言语与沉默、他所表达的和未表达的，都被分散在一种破碎的结构中，这种结构通过整体得以确认，而不是被修正或超越。"在巴尔扎克那里，并存着某种将要到来的，但尚未存在的风格的全部要素，这些要素还未被消化、未经改造。这种风格并不引发联想，也不进行反映：它解释。此外，它借助那些最为惊人的形象来进行解释，不过，这些形象并不与其余的形象融合在一起，正是它们使得这种风格所要表达的东西得以被理解，正如人们在一次对话中令其被理解一样——如果这次对话是富有灵感的，但却不必为和谐和不被打扰而操心。"[1]

---

1 《驳圣勃夫》，pp. 207–208。以及 p. 216："无组织的风格"。整章所强调的都是文学的效应，后者与真正的光学的效应相类似。

我们是否可以说，普鲁斯特也同样不拥有风格呢？是否可以说，普鲁斯特的句子是无法被模仿的或太容易被模仿的，无论如何在所有的句子中总是可以被辨认出来，它们具有某种非常独特的句法或词汇，并且创造了某种必须用普鲁斯特自己的名字来指称的效应——但是，它却是无风格的？那么，风格的缺乏在这里是怎样变成一种新文学所具有的天才性的力量的呢？应该比较《追忆似水年华》的最终整体和巴尔扎克的《前言》：植物的体系取代了巴尔扎克式的动物的体系；世界取代了环境；本质取代了性格；沉默的解释取代了"天才的对话"。然而，被保留下来并被赋予一种新价值的，正是那种"惊人的混乱"，尤其是它毫不关心总体或和谐。这里，风格不是出于描绘或引发联想而被提出的：正如在巴尔扎克那里，它是解释性的，它以形象来解释。它是一种非—风格，因为它与纯粹的、无主体的"解释"结合在一起，并在语句的内部增加了对于语句的视点。因此，它就像是一条江河，显得"完全支离破碎了，这里摆成湖，那么细如网，别处又由于安插了一座树木覆盖山顶的小丘而折断"。风格就是对于符号的解释，根据不同的发展速度、根据每种符号所特有的联想链条，以便为每种符号达到那个（作为视点的）本质的断裂点：因此，这解释了从句、附属从句、比喻的作用——它们以图像的方式表达这种解释过程。只要这个形象能很好地进行解释，它就是恰当的，不过，它总是不和谐的，绝不会为了那种所谓的整体之美而做出牺牲。或毋宁说，风格始于两个不同的、遥远的对象，即使他们彼此相邻：这两个事物有可能在客观上是相似的，从属于同一种类；它们也有可能通过某种联想链条而在主观上彼此相连。风格将会牵引其所有这些，正如一条河会冲走河床中的物质；然而，关键之处并不在于此。它在于语句达到两个客体中的每一个所特有的那个视点时，而我们之所以说这个视点是客体所特有的，正是因为这个客体已经被它所拆散，就好像这个视点自身分化为千万个分殊的、不相通的点，因而，同样的运作也在另一个客体身上发生，不同的视点之间可以相互归属、形成共振，有点像在埃尔斯蒂尔的画中，海与大地之间彼此交换其视点。这就是解释性的风格所产生的"效应"：一旦两个客体被给定，它就产生出部分性对象（作为相互归属的部分性对象），产生出共振的效应，产生出强制运动。这就是形象，它是风格的产物。这种处于纯粹状态的生产，我们可以在艺术中发现它——绘画、文学或音乐，尤其是音乐。而且，随着我们沿着本质的等级下降——从艺术的符号下降至自然、爱情，乃至社交界的符号，一种客观性描述和联想性暗示的最低限度的必然性就会重新被引入；然而，这仅仅是因为本质在其中具有物质性的实现条件，它将会被精神性的、艺术性的自由条件所取代，正如乔伊斯所说的那样。[1] 然而，风格绝不是属人的，它始终归属于本质（非—风格）。它永远不会是一个视点，而是来自在同一个句子中无数视角的共存构成的，正是根据这些视点，事物才被分隔、形成共振或被增强。

因此，不是风格确保了统一性，因为风格本身必须从其他地方获得统一性。本质也不能保证这种统一性，因为，作为视点的本质永远是碎片性的和碎片化的。那么，这种不能被归结为任何一种"统一化"的非常独特的模式是什么呢——这种非常独特的统一性总是延后呈现，并确保了（作为本质之间可沟通的）视点之间的交换，它根据本质的法则而呈现，它自身作为一个在其他部分旁边的部分、最后的一笔或局部化的片段？回答如下：在一个被还原为多样性的混沌的世界中，只有艺术作品（只要它不指向其他的事物）的形式性结构才能充当统一性——而后，或如艾柯所说，"作为总体的作品提出了它所从属于的新的语言学规

---

1 应该比较普鲁斯特对于形象的概念与其他那些后—象征主义的概念：比如，乔伊斯的"神显"，或埃兹拉·庞德的形象主义和"漩涡主义"（vorticisme）。以下特征看起来是共同的：形象，作为两个具体而差异的客体之间的自主性的关联（形象，具体的方程）；风格，作为对于同一个客体的多样性的视点，以及对于不同客体的视点之间的交换；语言，整合并包含了其所特有的构成某种普遍历史的变化，并使得每个碎片都以其自身的声音来进行言说；文学作为生产，作为对于产生效应的机器的利用；解释，不是作为教导性的意象，而是包含和展开的技术；写作，作为运用表意—文字的手法（普鲁斯特数次借助了这一点）。

则，并自身成为理解其特有密码的关键"。然而，全部的问题都在于认识此种形式性结构的基础何在？它又是怎样赋予部分及风格以那种离开它就无法拥有的统一性？然而，我们在前面已经看到了普鲁斯特著作中的那种横贯维度（dimension transversale）的重要性，在最为分殊的方向中：横贯性（transversalité）[1]。在火车上，正是横贯性阻止了对那些对于某处风景的不同视点进行统一化，并使得这些视点根据它所特有的维度、在它所特有的维度中形成沟通，因为，根据这些视点自身的维度，它们之间始终是无法沟通的。正是它构成了梅塞格利丝那边和盖尔芒特家那边的独特的统一性和总体性，但并没有取消二者之间的差异和间距："在这两条通衢大道之间已建起横贯的岔路。"[2]正是它奠定了亵渎的基础，并常常被黄蜂所萦绕——这种具有横贯性的昆虫使得彼此隔离的性别之间得以相互沟通。正是它确保了从一缕光线、一个世界向另一个所进行的传送，尽管二者之间有着天体一般的差异。因而，新的语言学规则，作品的形式性结构，就是横贯性，它横贯了整个语句，横贯了整本著作中的不同语句，

1　通过与精神分析的研究之间的关联，菲里克斯·加塔利形成了一个非常丰富的"横贯性"的概念，用来概括无意识的沟通和关联：参见"横贯性"，*Psychothéraphie institutionnelle*，N° 1。

2　TR2, III, 1029.

它甚至把普鲁斯特的著作与那些他所热爱的作家结合在一起，奈瓦尔、夏多布里昂、巴尔扎克……因为，如果说一部艺术作品与公众形成沟通，进而激发起他们；如果说它与同一位艺术家的其他作品形成沟通，并进而激发起它们；如果说它与其他艺术家的其他作品形成沟通并激发出未来的作品，这些始终是在这个横贯性的维度中发生的，在其中总体性和统一性为其自身而被建立，而没有把客体或主体加以总体化与统一化。[1]这是一个额外的维度，它被增加到《追忆似水年华》中的那些人物、事件和部分所占据的维度中——前者是时间中的维度，而后者则是它们在空间中所占据的维度，二者之间没有共同的尺度。横贯性使得不同的视点相互渗透，使得仍然保持封闭的瓶子之间相互沟通：奥黛特和斯万、母亲和叙述者、阿尔贝蒂娜和叙述者，再比如，作为最后的"点睛之笔"，老年的奥黛特和盖尔芒特公爵——每个囚徒，所有人都通过横贯性得到了沟通。[2]这就是时间，叙述者的维度，它具有（作为这些部分的总体但却不把它们总体化的）力量，它是所有这些部分的统一性，但却无需将它们统一化。

1　参见《追忆似水年华》中论及艺术的重要段落：一部作品和一群读者之间的沟通（TR2, III, 895-896）；同一位作者的两部作品之间的沟通，比如奏鸣曲与七连音（P2, III, 249-257）；在不同的艺术家之间的沟通（CG2, II, 327，P1, III, 158-159）。

2　TR2, III, 1029.

结论
疯狂的呈现与功用：蜘蛛

我们并未提出普鲁斯特的著作中的艺术和疯狂的问题。这个问题也许并不具有重要的意义。更不用说"普鲁斯特是否疯了"这个问题显然毫无意义。重要的仅仅是普鲁斯特著作中的疯狂的呈现及其分布，以及这种呈现的用途和功用。

因为它至少会表现在两个主要人物身上，夏吕斯和阿尔贝蒂娜，并以不同的形式运作。从夏吕斯最初出现的时候开始，他的古怪的眼神，他的眼睛就被描绘为一个间谍、一个扒手、一个商人、一个警察或一个疯人的眼睛。[1]最后，莫

---

1 JF2, I, 751.

雷尔（Morel）很有理由对这种想法怀有一种恐惧：认为他对自己怀有犯罪性的疯狂。[1]自始至终，人们在夏吕斯那里预感到了一种疯狂的呈现，如果他仅仅是不道德或反常倒错、有过错或应承担责任，那他还不至于变得如此极端可怕。这些坏品行"是令人吃惊的，因为人们感到这事之疯狂远不止出于道德观念，德·絮希－勒迪克夫人毫无道德感，她完全能接受儿子做出任何因利益驱使而堕落的行为，因为利益是所有人都能理解的！然而，当她得知她的儿子们每次去德·夏吕斯先生家拜访，夏吕斯都几乎必不可免的要捏他们的下巴，而且让他们彼此捏下巴时，她就禁止他们继续与他交往。她感受到对生理奥秘的不安，这种感情使她心里琢磨与自己保持着良好关系的邻居是否染上了吃人肉的毛病，男爵再三问她：'我最近难道见不到这些年轻人了？'对此她回答说，他们正忙于自己的功课，忙于准备一次旅行，等等，心里却对自己十分窝火。不负责任使错误甚至罪恶罪加一等，无论人们对此怎么说。如果朗德吕（就算他确实杀死过一些女人）这样做使出于私利，对私利，人是可以抵制的，那他还有可能得到特赦，然而如果是处于一种无法抗拒的性虐待狂，他就等不到饶恕了。"[2]作为罪行的清白，疯狂

1　TR1, III, 804–806.

2　P1, III, 205.

超越了对于过错所应承担的责任。

夏吕斯是疯狂的，这在一开始仅仅是一种可能性，而到结尾处则几乎已经是明确无疑的了。对于阿尔贝蒂娜，它毋宁说是一种死后的可能性，后者回顾性地将一种新的令人不安的光线（而莫雷尔仍然参与其中）投射于她的仪态、话语，以及所有的生活之上。"其实她也感到这是一种罪恶的疯狂行为，我常常想，她是不是因为她的行为导致了一个家庭的群体自杀事件，自己才寻死的。"[1]这种疯狂—罪恶—不负责任—性欲的混合体到底是什么？——这或许与普鲁斯特钟爱的弑亲主题有关，然而，却不能被归结为众所周知的俄狄浦斯情结。这同样是一种疯狂带来的罪恶的清白，愈加让人无法忍受，甚至最终导致自杀？

首先是夏吕斯的情形。夏吕斯顿时呈现为具有一种强力的人格，一种帝王般的个性。然而，准确说来，此种个性是一个帝国、一片隐藏或包含许多未知事物的星云：什么才是夏吕斯的秘密呢？整团星云就围绕着两个闪耀的独特的点而形成：眼睛和声音。眼睛里时而闪烁着支配性的炯炯目光，时而又左顾右盼；时而焦躁不安，时而又充满着忧郁的冷漠。而声音则使得话语中所带有的男性特征的内容与一种女性化的矫揉造作的表达结合在一起。夏吕斯表现为一个硕

1　AD, III, 600.（这是安德烈说过的一句话。）

大的闪烁的符号，一部巨幅的声光设备：那些听夏吕斯讲话，或与其目光相遇的人都会觉得自己置身于一个有待发现的秘密、有待深入和解释的奥秘面前，它们从一开始就驱迫着他，仿佛能直至疯狂。对夏吕斯进行解释的必然性正基于此：夏吕斯自己就在进行解释，并不断地进行解释，就好像这就是他所特有的疯狂，甚至可以说，这已然是他的谵妄——一种解释的谵妄。

从夏吕斯—星云中衍生出一个话语的序列，这些话语伴随着犹豫不定的目光的节律。向叙述者所陈说的三种主要的话语，在夏吕斯（他就是预言者和占卜者）所解释的符号中发现了它们的缘起，然而，同样也在夏吕斯向叙述者（归结为门徒和学生的角色）所提出的那些符号中发现了它们的目的。然而，这些话语的关键在于别处，在那些被意愿性地组织起来的词语中，在那些获得最终安排的句子中，在一个对其所利用的符号进行算计和超越的逻各斯中：夏吕斯，就是逻各斯的大师。从这个观点看来，三种主要话语似乎拥有一种共同的结构，尽管它们之间存在着节律和强度的差异。第一个阶段是否认，当夏吕斯向叙述者说：你让我毫无兴趣，别以为你能引起我的兴趣，但是……第二个阶段是间隔：你我之间的间隔是无限的，然而，准确说来，我们可以克服这个间隔，我向你承诺……还有第三个阶段：出人意料——当人们说逻各斯突然脱轨了，被某种无法再被组织起来的力量穿透。它被另一种力量所发动：愤怒、侮辱、挑衅、亵渎、施虐狂的幻觉、荒唐的姿势、疯狂的爆发。在第一种话语中就已经是如此，它发自一种高贵的温情，但却在次日的海滩上，在夏吕斯先生那粗俗的和预言性的评论中达到了其反常的结局。"人们总是愚弄他那年迈的外祖母，嗯？小混蛋……"第二种话语为夏吕斯的一种幻觉所接替，他想象着好笑的一幕，在其中布洛克与他的父亲互相殴斗并不断击打着他母亲的腐烂的尸体："说着这些可怕的、几乎是疯狂的话，夏吕斯先生抓紧我的手臂，把我弄疼。"最后，第三种话语在对于被踩碎的帽子的强烈体验中猛然间降临。确实，这次不再是夏吕斯，而是叙述者踩碎了帽子；我们看到，叙述者拥有着一种疯狂，它对于所有其他疯狂来说都有效，它和夏吕斯与阿尔贝蒂娜的疯狂相通，并能取代它们，甚至提前展现或放大其影响。[1]

如果说夏吕斯很明显是逻各斯的大师，但是，他的话语却并不更少地为那些非意愿的符号所激发，这些符号抵抗着语言的最终结构，它们不允许自己被控制在词语和句子之中，而是让逻各斯消失并把我们带入另一个领域中。"他用来表达其愤怒的是何等美妙的话语，人们感到，即使在他身上时而会发现被冒犯的自尊，时而又会发现受挫的爱情，或

1　夏吕斯的三重话语：JF2, I, 765–767; CG2, II, 285–296; CG3, II, 553–565。

一种仇恨、施虐狂、一种挑逗、一种固定的观念，这个人是会杀人的……"疯狂和暴力的符号，它们构成了一种帕索斯，它反对由"逻辑和优美的语言"所安排的意愿性的符号，并处于后者之下。现在，这种帕索斯就要将自身呈现于夏吕斯的表现中——他越来越少地从最终结构的高度来进行言说，并在一种社会和机体的缓慢接替的过程中越来越多地泄露了真理。这已经不再是话语以及它们之间的相互沟通，（此种沟通是纵向的，表现了一种规则和位置的等级秩序）的世界，而是无序的相遇、强力的偶然性，以及它们之间的横贯的、反常性的沟通所构成的世界。这是夏吕斯—絮比安之间的相遇，在其中所揭示的是被如此拖延的夏吕斯的秘密——同性恋。然而，秘密就在于此吗？因为，被揭示的东西，与其说是一种长久以来被预见和猜测到的同性恋，还不如说更多的是一种普遍的结构，它把此种同性恋构成为一个对一种更深刻和普遍的疯狂来说是特殊的情形，而在此种疯狂中，清白和罪行纠结在一起，无论以何种方式。被揭示的东西，正是这个我们在其中不再言说的世界，这个沉默的植物性的宇宙，以及花的疯狂——关于它的那个片段化的主题为与絮比安的相遇带来了节奏。

逻各斯是一个庞大的动物，它的各个部分被整合于一个总体中，并根据一种支配性的原则或观念而被统一化；然而，帕索斯则是一种植物，它由相互隔离的部分所构成，这些部分之间只能在一个被无限地分离出来的部分中进行间接的沟通，因而，没有任何一种总体化、统一化能够整合这个世界，它的那些最根本性的碎片不缺乏任何东西。这是个封闭的瓶子、隔离的部分所构成的类精神分裂的宇宙，在其中相邻性也仍然是一种间距：性的世界。这就是夏吕斯在其话语之外所传授给我们的东西。每个个体都拥有两种性别，然而它们"被一个隔膜分开"，我们必须引入一种由八个要素所构成的星云状的整体，在其中一个男人或女人的男性部分或女性部分可以和另一个女人或男人的女性部分或男性部分形成关联（八个要素的十种组合方式）[1]。封闭的瓶子之间的反常联系；使花朵之间相互沟通的黄蜂，它失去了所固有的动物的价值，为了通过与这些花朵的关联而在一种植物的再生产机制之中充当一个单独构成的部分和不协调的要素。

也许，在这里存在着一种《追忆似水年华》中随处可见的结构：我们从一个最初的星云出发，这个星云在表面上构成了一个被限定的、可统一化和总体化的整体。一个或一些序列从这个最初的整体中脱离出来。这些序列自身又涌入一

---

[1] 一种基本的组合将由此决定：某个个体的男性的或女性的部分与另一个个体的男性的或女性的部分之间的相互结合。因此，我们就有：一个男人的男性部分与一个女人的女性部分，同样，还有一个女人的男性部分和一个男人的女性部分，一个男人的男性部分和另一个男人的女性部分，一个男人的男性部分和另一个男性的男性部分……，等等。

个新的星云之中——这次是偏心的或离心的星云，它是由那些沿着横贯的逃逸线而旋转着的封闭的瓶子、运动着的不协调的碎片所构成的。[1] 对于夏吕斯来说正是如此：在第一种星云中，他的双眼和语音散发着光彩；接着是话语的序列；最后是由符号和箱子所构成的令人不安的终极世界，这些被结合和被拆散的符号构成了夏吕斯，他使得自己被敞开、被解释，沿着一颗日渐老去的星辰及其卫星的逃逸线（"夏吕斯先生正大腹便便地朝我们走来，还无可奈何地让一个流氓乞丐之类的人跟在他身后，现在他经过哪怕表面看去无人问津的角落，这类人也会从那里冒出来"）[2]。不过，同样的结构也主导着阿尔贝蒂娜的故事：阿尔贝蒂娜从中缓慢脱离出来的那个少女组成的星云；对于阿尔贝蒂娜的两种相继的嫉妒所构成的主要序列；最后，是所有那些并存的箱子，阿尔贝蒂娜被囚禁于其谎言中，同样也被叙述者所囚禁，这个新的星云以其自身的方式对第一种星云进行了重构，因为爱的终结也就像是一种向少女们的原初的不可分性所进行的回归。而且，阿尔贝蒂娜与夏吕斯的逃逸线之间形成了对照。在亲吻阿尔贝蒂娜的那个典型的段落中，叙述者伺机从阿尔贝蒂

1　德勒兹在文中所经常采用的天文学的隐喻正呼应着前面所说的普鲁斯特的采用"望远镜"观察的方法。——译注

2　P1, III, 204.

娜的面孔出发，她的面孔作为一个变幻不定的整体，在上面，那颗引人注目的美人痣就像是一个独特的点；然后，在叙述者的嘴唇接近面颊的过程中，这张所欲求的面孔就经历了一个由先后相继的平面所构成的序列，这些平面对应着如此众多的阿尔贝蒂娜，而那颗美人痣也就从一个跃向另一个；最后，是最终的模糊，在其中，阿尔贝蒂娜的面容被拆散与瓦解，而叙述者也失去了嘴唇、眼睛和鼻子的功能，他从"这些令人生厌的符号之中"认识到，他正在亲吻所爱的存在。

这个构成与重构的重要法则，如果说它对于阿尔贝蒂娜与夏吕斯来说都是适用的，那是因为它是爱与性的法则。异性之爱，特别是叙述者对阿尔贝蒂娜的爱情，绝不是普鲁斯特用来掩盖自身同性恋倾向的表象。相反，这些爱情构成了最初的整体，接下来从中将形成两个由阿尔贝蒂娜与夏吕斯所代表的同性恋的序列（"两性必将各自消亡"）。然而，这些序列又涌进了一个性倒错的世界中，在其中，被隔离、被嵌入的性征又重新聚集在每一个个体中，以便它们能够根据反常的、横贯的途径与另一个个体的那些性征形成沟通。然而，如果说一种表层的常规性是第一个层次或第一个整体的特征，那么，处于第二个层次中的那些从中脱离出来的序列就带有如下的特征——被人们称作神经官能症（névrose）的症状所带有的所有痛苦、焦虑与罪行：俄狄浦斯的厄运与参孙的预言。然而，第三个层次在重构中恢复了一种植物性的清白，并确定了疯狂在一个世界中的统治性的地位：在这个世界中，箱子爆开又重新关闭，罪行与监禁以普鲁斯特的方式构成了"人间喜剧"，并通过它们而展现了一种新的、最终的力量，它扰乱了所有其他力量，是一种异常疯狂的力量，是《追忆似水年华》自身所具有的力量，它把警察与疯人、间谍与商人、解释者与诉求者（revendicateur）结合在一起。

如果说阿尔贝蒂娜和夏吕斯的故事对应着同一个普遍法则的话，那么，在这两种情形之中，疯狂却更多地具有非常不同的形式与功能，它并不以同样的方式被分布。在夏吕斯—疯狂和阿尔贝蒂娜—疯狂之间，我们看出三种主要的差异。第一种差异是：夏吕斯具备高度的个体化，表现为一种帝王般的个体性。因而，夏吕斯所导致的困惑涉及沟通："夏吕斯隐藏了什么？""在他的个性中所隐藏着的秘密部分是什么？"这些问题指向了那些有待发现的沟通，指向了这些沟通的反常性，因而，夏吕斯—疯狂的呈现、解释与被解释只能借助于那些偶然的、猛烈的相遇，并与那些他身陷其中的新的介质相关——这些介质同样地作为显影剂、感应器和传输器而发生作用（与叙述者的相遇、与絮比安的相遇、与维尔迪兰的相遇，以及在妓院中的相遇）。而阿尔贝蒂娜的情形则不同，因为她所导致的困惑涉及个体化自身：在那群少女中，哪个才是她？怎样才能从这群不可分的少女中选出她，并使她脱离出来？我们说过，在这里，首先被给定的是她们之间的沟通，而被隐藏的却恰恰是其个体化的奥秘；而且，此种奥秘只有当这些沟通被强行中断和停止时（作为女囚的阿尔贝蒂娜被囚禁和监禁）才能被洞察。第二种差异就由此产生。夏吕斯是话语的大师；在他那里，所有一切都通过词语而发生，但是，另一方面，没有任何东西通过词语而发生。夏吕斯的关注首先是词语上的，因而，事物和客体都呈现为转而反对话语的非意愿符号，它们或者是使话语出现偏差，或者是形成一种展现于沉默无声的相遇中的反语言（contra-language）。而相反地，而阿尔贝蒂娜与语言的关系则完全不同：她的语言充满了卑微的谎言，而非帝王般的偏离。在她那里，所关注的始终是被表现于语言自身中的事物或客体，只要能把语言中的意愿性符号加以碎片化，并把它们归属于那些把非意愿符号置入语言中的谎言的法则：因而，所有的一切都可以在语言中发生（其中也包括沉默），但这恰恰是因为没有任何东西能通过语言而发生。

最后，还有第三种差异。在 19 世纪末和 20 世纪初，精神病学在两种符号的谵妄之间确立起了一种非常有趣的区分：一种是偏执型的解释谵妄，另一种是诉求型（revendication）的谵妄，包括情痴（érotomanie）或嫉妒的类型。第一种类型具有一个潜伏性的开端和一个逐步的发展过程，它们主要依赖于内在力量，并展开为一个（发动了词语性投入的整体的）普遍网络。第二种类型则具有一种更为突然的开端，并且与想象的或现实的外在条件相关；它们依赖于一种涉及一个确定客体的"公设"（postulat），并进入有限的聚合体中；与其说它们是通过以词语性投入为外延的系统而发生的观念的谵妄，而还不如说它们更多的是为一种客体的强度性投入所激发的行动的谵妄。（比如，被爱幻觉就呈现为对于被爱者的谵妄性的追求，而不是对于被爱者的谵妄性的幻想）。第二种谵妄形成了一个有限的、线性的序列，而第一种谵妄则形成了一个发散性的、圆形的整体。我们当然不会说普鲁斯特把当时所提出的某种精神病学的区分运用于他的那些人物身上。然而，夏吕斯和阿尔贝蒂娜各自在《追忆似水年华》之中描绘出了非常精确地与此种区分相对应的轨迹。我们已经试图在夏吕斯身上体现出强烈的妄想狂的症状：最初的表现是潜伏性的，之后的谵妄的发展和加速则验证了那些可怕的内在力量，而此种谵妄在其所有的词语性的解释失常中揭示了一种产生它的非—语言所拥有的更神秘的符号：简言之，这便是夏吕斯的庞大网络。然而，另一方面是阿尔贝蒂娜：她自身就是一个对象，或出于其自身的目的而追求某些对象；她提出了那些她所熟悉的公设，或者，是被叙述者囚禁在一个她作为牺牲者的无法摆脱的公设中（阿尔贝蒂娜先天地、必然地就是有罪的，被爱却不爱别人，对所爱的人表现出冷酷、残忍和欺骗）。阿尔贝蒂娜既是情痴谵妄者也是嫉妒谵妄者，但事实上，尤其是叙述者对她的态度更明显地体现了这两种谵妄。在阿尔贝蒂娜身上，两种嫉妒构成了一个序列，它们在任何情况之中都不能和外在的条件相分离，并构成了前后相继的过程。而且，在这里，语言的符号与非—语言的符号相互安插于对方之中，并形成了谎言的有限聚合体。所有这些就构成了一种行动和请求的谵妄，它不同于夏吕斯的那种解释和观念的谵妄。

不过，为什么必须要把阿尔贝蒂娜与叙述者的那些与阿尔贝蒂娜相关的行为结合于同一种情形中呢？的确，所有的一切都告诉我们，叙述者的嫉妒建立于阿尔贝蒂娜对于其所特有的"对象"所怀有的更深层次的嫉妒上。而且，叙述者对于阿尔贝蒂娜的被爱幻觉（对于被爱者的谵妄的追求，但却不带有被爱的幻想）被一种阿尔贝蒂娜自身的被爱幻觉所接替，后者长久以来遭到猜疑，并随后被确认为引发叙述者的嫉妒的秘密。而叙述者的要求——囚禁、监禁阿尔贝蒂娜，隐藏了阿尔贝蒂娜的那些太晚被预感到的要求。确实，夏吕斯的情况是类似的：没有必要对这二者进行区分——夏吕斯所具有的解释的谵妄的运作，以及作者在夏吕斯身上所专注的那种对谵妄进行解释的长期劳作。不过，准确说来，我们会追问：这些局部同一化的必然性来自何处？它们在《追忆似水年华》中的功能又是什么？

阿尔贝蒂娜是嫉妒者，夏吕斯是解释者，那么，从根本上来说，叙述者自身又是什么呢？我们并不认为有必要把叙述者和主人公区分为两个不同的主体——陈述（énonciation）的主体与叙事（énoncé）的主体，因为，这就等于把《追忆似水年华》归结为一个与它格格不入的主体性（双重的、分裂的主体）的体系。[1] 与其说存在着一个《追忆似水年华》的叙述者，还如说存在着一部《追忆似水年华》的机器；与其说存在着一个主人公，还不如说是一些配置（agencement），在其中，这部机器以某种形态、根据某种关联、为了某种用途或产物而运行。只是在这个意义上，我们才能追问这个并不作为主体的叙述者—主人公到底是什么。——读者至少会对这一点感到惊讶：普鲁斯特强调，这个叙述者无力去观察、感知、回忆、理解……，等等。这与龚古尔或圣勃夫的方法形成了鲜明的对立。《追忆似水年华》中的持续主题，在维尔迪兰家的乡间住所之中达到高潮（"我明白，您喜欢穿堂风……"）[2]。事实上，叙述者并不拥有器官（organe），或者说，不具有那些他所需要的器官，而只具有那些他所期待的器官。他自己指出了这一点，在初吻

1　对于《追忆似水年华》之中的主人公—叙述者的区分，参见 Genette, *Figures*, III, Ed. du Seuil，p. 259 sq.——然而，热奈特对此种区分进行了很多修正。

2　SG2, II, 944.

阿尔贝蒂娜的场景中，当他抱怨说，我们没有恰当的器官来进行这种活动：它塞满了我们的嘴唇，塞住了我们的鼻子并合上了我们的眼睛。事实上，叙述者就是一个巨大的无器官的身体（corps sans organes）。

那么，无器官的身体又是什么呢？蜘蛛也什么都看不到，什么都感知不到，什么都记不得。然而，在它的网的一端，它能够捕捉到任何微小的振动，这些振动会以强度波的形式传播到它的身体，使它跃向必要的地点。没有眼睛，没有鼻子，也没有嘴，它只对符号做出回应，那最微小的符号作为一阵波穿透了它的身体，并使它扑向猎物。《追忆似水年华》并没有被建成一座教堂或被制成一件外衣，而是形成了一张蛛网。叙述者如同一只蜘蛛，而《追忆似水年华》的创作本身就是这张网的编织，每一根线都因某种符号的触动而振动：蛛网和蜘蛛，蛛网和肉体是同一部机器。叙述者被赋予的那种极端的感觉和惊人的回忆都派不上用场：他不具有任何器官，因为他被剥夺了这些官能的一切有意识的、有组织的功用。反过来说，一种官能作用于他，这只有当这种官能被强制、被驱使这样做的时候才可能；而且，在他身上存在着相应的器官，但却作为一个被波所激起的强度的萌芽，这个波激发了它的非意愿的功用。非意愿的感觉、非意愿的回忆、非意愿的思想，它们每次都是作为无器官的身体对某种性质的符号所做出的强度的、总体性的反应。正是

220

这个肉体—蛛网—蜘蛛被激起去打开或关闭那些小箱子中的任何一个，而这些箱子刚刚撞上了一根《追忆似水年华》的粘线。叙述者所具有的怪异的柔韧性。正是这个叙述者的肉体—蜘蛛，间谍、警察、嫉妒者、解释者，以及诉求者——疯人——这个全能的精神分裂症患者，他就要向偏执的夏吕斯拉出一根线，向痴情的阿尔贝蒂娜拉出另一根线，为了能由此创造出它固有的谵妄所摆布的如此众多的玩偶，他的无器官的身体所拥有的如此众多的强度性的力量，以及他的疯狂所展现出的如此众多的形象。

图书在版编目(CIP)数据

普鲁斯特与符号 / (法) 吉尔·德勒兹
(Gilles Deleuze) 著 ; 姜宇辉, 沈国豪译. -- 上海 :
上海人民出版社, 2025. -- ISBN 978-7-208-19431-1

Ⅰ. I565.074

中国国家版本馆 CIP 数据核字第 2025FL1104 号

责任编辑　　赵　伟
封扉设计　　朱鑫意

普鲁斯特与符号

[法]吉尔·德勒兹 著

姜宇辉　沈国豪 译

出　　版　上海人民出版社
　　　　　(201101　上海市闵行区号景路 159 弄 C 座)
发　　行　上海人民出版社发行中心
印　　刷　苏州工业园区美柯乐制版印务有限责任公司
开　　本　850×1168　1/32
印　　张　8
插　　页　5
字　　数　142,000
版　　次　2025 年 7 月第 1 版
印　　次　2025 年 7 月第 1 次印刷
ISBN 978-7-208-19431-1/B·1823
定　　价　58.00 元